本研究获得农业部计划司法制建设项目资助

经济管理学术文库 • 经济类

农户经营规模演变、驱动力及效率研究

——以河北玉米生产农户为例

The Evolution, Driving Forces and Efficiency of Farm Size of Corn Planting Households: Eevidence from Hebei

麻吉亮／著

经济管理出版社
ECONOMY & MANAGEMENT PUBLISHING HOUSE

图书在版编目（CIP）数据

农户经营规模演变、驱动力及效率研究/麻吉亮著．—北京：经济管理出版社，2017.10
ISBN 978－7－5096－5332－6

Ⅰ.①农…　Ⅱ.①麻…　Ⅲ.①农户—经营管理—研究—中国　Ⅳ.①F325.15

中国版本图书馆CIP数据核字(2017)第220410号

组稿编辑：曹　靖
责任编辑：杜　菲
责任印制：黄章平
责任校对：赵天宇

出版发行：经济管理出版社
（北京市海淀区北蜂窝8号中雅大厦A座11层　100038）
网　　址：www.E－mp.com.cn
电　　话：(010) 51915602
印　　刷：北京玺诚印务有限公司
经　　销：新华书店
开　　本：720mm×1000mm/16
印　　张：10.5
字　　数：159千字
版　　次：2018年6月第1版　　2018年6月第1次印刷
书　　号：ISBN 978－7－5096－5332－6
定　　价：68.00元

前　言

对于拥有13亿人口的中国而言，粮食安全尤其重要。保障粮食安全的关键在于生产经营环节，而生产中的重要因素之一是粮食的经营规模。我国的粮食经营规模呈现长期下降近期上升的趋势，且规模远低于世界其他国家，中国的粮食经营正逐步集中到少数地区，随着劳动力务农比例的下降，我国农业呈现副业化的趋势。在此背景下，研究农户经营规模的演变、驱动力和效率，探讨我国粮食生产的未来出路，具有一定的理论和现实意义。

本书的研究对象是家庭农户，家庭农户虽然经营规模相对较小，但却是粮食生产的主力军，占所有经营主体的90%以上，其对粮食安全的贡献远高于家庭农场和合作社等经营主体。本书首先分析了农户粮食经营规模的演变及现状、玉米的市场和贸易现状、粮食经营规模相关政策以及亚洲国家在经营规模发展中的经验和不足。其次，以河北玉米农户为例，实证地对河北玉米经营规模进行了划分，经营规模的划分有助于把握不同规模农户的共性和差异性；进一步，分不同规模利用动态面板数据模型对影响农户经营规模选择的驱动力进行分析；还利用随机前沿生产函数等方法测算了河北玉米不同经营规模农户的效率，河北玉米经营规模虽然不具有全国粮食经营规模层面的普遍性，但具有一定的典型性和代表性，对未来研究其他地区和品种的农户经营规模有一定的参考价值。

研究结果表明：在河北的玉米生产中，农业补贴对中规模和大规模农户都具有积极影响，而对小规模有负向影响（大、中、小规模是根据样本的总体规模划分的，是一个相对值）；出台粮食经营规模相关政策能鼓励农户扩大玉米经营规模，但对小规模的影响效果最小。户主受教育水平越高，小规模和大规模的农户越倾向扩大玉米经营规模，中规模农户则反之。外出务工收入越高，农户越不倾向扩大玉米的经营规模。在市场因素方面，玉米价格越高农户扩大经营规模的积极性越高，其中，中规模农户的价格弹性最大，大规模农户弹性最小。大豆、棉花等替代作物价格对玉米经营规模的扩大有负向影响，其中，中规模农户对替代作物价格最敏感。在气候方面，温度越高农户越不愿意扩大玉米的经营规模，中规模农户对温度反应也最敏感。

相较而言，河北的大规模农户的玉米生产具有一定的优势，其技术效率最高，单位元和单位劳动力的现金收益和产出均最大，规模报酬也大于1（1.05），而且亩均生产成本最低；小规模农户虽然每亩的玉米收入最高，但由于生产成本也最高，因此每亩的现金收益与大规模接近，且规模报酬小于1（0.97）；中规模农户的技术效率、规模报酬以及收益率介于大规模和小规模之间。国外的经营规模发展经验表明，我国应制定更具体的粮食经营规模政策，并不断进行修正和调整；同时要具体化土地流转的立法，加大在土地流转方面的补贴，并鼓励创新经营模式。

根据结论，本书分别从河北玉米生产和全国粮食生产两个层面，提出了应出台更具体的粮食经营规模相关政策；引导中规模的农户流转土地或者向大规模模式发展；加大对大规模玉米农户的补贴，减少对中规模和小规模玉米农户的补贴；加强对气候因素的监测和预警；鼓励盘活土地，适度扩大经营规模等措施。

目　录

第一章　引言

世界各国都非常重视粮食安全，对于拥有13亿人口的中国而言，粮食安全尤其重要。粮食安全是实现我国经济快速、健康发展的基本条件，也是维护社会稳定的重要保障，更是确保国家各方面安全的战略根基。保障粮食安全的关键在于生产经营环节（蒋和平等，2013），而在生产环节中一个关键的问题就是探讨粮食的经营规模。随着我国经济的高速发展，粮食经营规模和劳动力流动呈现出新的特点，因此对粮食经营规模的研究和探讨对于保障我国粮食安全和农民收益都具有重要意义。

一、研究背景

改革开放之后，我国粮食经营规模发生了显著的变化，相比于其他国家，我国的粮食经营规模存在一定的特殊性，尤其是20世纪90年代后期，随着农民的外出务工，未来谁种地和如何种地成为亟待解决的问题，近年来政府也出台了一系列的相关政策引导农民进行适度的规模经营，但是仍有一些问题不够明确，具体而言，我国粮食经营规模呈现以下的特征。

（一）经营规模呈现长期下降近期上升的趋势

中国的户均经营规模从 1980 年的 0.56 公顷降低到 1999 年的 0.4 公顷（Fan et al.，2008）。对现有数据进行分析可以发现，中国的人均经营规模呈现出长期下降近期上升的趋势，1952～1990 年，中国人均经营规模不断下降，1990 年之后，人均经营规模呈现小幅度的上升，2003 年之后人均经营规模有了较大幅度的上升，2010 年人均经营规模为 0.57 公顷。

（二）中国农业经营规模与其他国家比最低

国际上定义规模小于 2 公顷的种植方式为小规模种植。世界上有 5 亿公顷的小规模土地①，其中亚太地区就占了 87%②（IFPRI，2007），仅中国和印度就分别有 1.93 亿公顷和 0.93 亿公顷的小规模土地（Thapa，2010），在所有国家中，中国的农业经营规模是最小的，仅有 0.4 公顷（Fan et al.，2008）。

（三）中国农业劳动力务农比例低且存在波动

在中国的农村劳动力中务农比例呈现较剧烈的波动，且从近期看尤其是 2003 年之后，在所有农业劳动力人口中，真正从事农业生产的农业劳动力比例从 2003 年的 47.1% 下降到 2013 年的 41.6%（国家统计局，2014），务农人数的减少会改变中国粮食的生产方式甚至影响粮食安全，所以探讨未来粮食生产的出路有一定的必要性。

（四）农业政策的变化——倾向于鼓励扩大经营规模

回顾近年中国的农业政策，主要以扩大经营规模为导向，如 2008 年十七届三中全会《关于推进农村改革发展若干重大问题的决定》提出实施大规模的土

① IFPRI 是按照地块进行的统计，如果该地块小于 2 公顷，则定义为小规模地块，从地块数量的角度看，世界上总共有 5 亿公顷的小规模土地。

② 主要指小规模地块的 87% 是在亚太地区。

地整治，鼓励农民改良土壤，提高耕地的质量，使得高产稳产农田比重大幅度增加；2009 年“中央一号”文件也指出要搞好规划，土地整理复垦开发要统筹安排、农村土地整治要集中连片，2012 年“中央一号”文件指出，永久基本农田划定工作要加快，农业综合开发投入要增加。国土资源部的土地整理中心专门负责进行土地整理，土地整理是指通过采取各种措施，增加有效耕地面积，将零散的土地进行整理规划成片。目前，全国各地都在开展土地整理和中低产田改造，保证了土地的经营规模扩大，为更大的规模化经营提供了条件。

此外，1997 年 6 月 24 日中共中央办公厅、国务院办公厅颁布的《关于进一步稳定和完善农村土地承包关系的通知》中提出了土地流转的概念。2003 年 3 月 1 日开始实施的《中华人民共和国农村土地承包法》中的第二章“家庭承包”中的第五节就是“土地承包经营权的流转”的具体阐述，在 2004 年国务院颁布的《关于深化改革严格土地管理的决定》中，也明确指出农民集体所有建设用地使用权是可以依法进行流转的。这些都为经营规模的进一步扩大奠定了基础。

总之，我国粮食经营规模呈现长期下降近期上涨的趋势，但粮食经营规模仍然远低于世界其他国家，而且劳动力务农比例低，虽然政府鼓励扩大经营规模和土地流转，但中国商品粮总体规模依然偏小。在这种背景下，对我国农户经营规模的演变、驱动力以及效率的研究，对于探索适合我国国情的农业发展道路具有一定的参考价值和借鉴意义。

二、研究意义

（一）对粮食安全的意义

经营规模是中国未来种粮必须面临的问题，未来粮食经营规模的大小与粮食的产量、供给、消费都有相关性，本书对粮食经营规模进行研究，试图探索不同粮食经营规模的演变、驱动力以及效率，对于进一步提高农民粮食种植的积极性，提高粮食种植的效率以及提高粮食的收益都具有重要的参考价值。

（二）对农民收入的意义

粮食的经营方式对于提高农民收入具有重要意义。研究粮食的经营规模，尤其是探讨适度的经营规模，保障农民的收入是一个重要指标。伴随经济的发展、技术的推广以及机械化的使用，粮食的经营规模和农民的收入都会发生相应的变化。此外，粮食经营规模的变化还会导致农民在种粮和外出务工或者种植其他经济作物上进行选择，这些都会影响农民的收入，因此探讨经营规模的相关研究对于保障农民的收入具有理论和现实意义。

（三）粮食经营规模的未来出路

随着我国工业化的发展进程，农民种粮观念的变化以及我国各种土地政策的开展，未来粮食经营规模的出路是一个必须面临和需要解决的问题。本书通过系统地分析我国粮食经营规模的演变、粮食经营规模的驱动力以及效率，能够从不同的维度衡量不同经营规模的特点，对未来粮食经营规模出路进行探讨具有一定的现实意义。

三、文献综述

（一）国内外对粮食经营规模理论的研究

1. 国外对粮食经营规模理论的研究

粮食规模经营是粮食经营规模的一种特殊形式，粮食经营规模和粮食规模经营既存在一定的联系，也存在一定的差异。在理论研究部分，学者们主要从规模经营的角度来研究粮食经营规模的理论，主要是因为在对该方面理论进行研究的同时，学者也在对粮食经营规模是否应该扩大或缩小进行思考，国内学者也是在探索粮食经营规模扩大与否阶段，对粮食经营规模理论进行了深入研究。

国外对粮食经营规模的研究主要是从规模经济方面着手，而规模经济的研究则涉及农业经济学中的多个子学科或者相关学科，主要包括一般农业经济学、传统农业经营学、农业生产经济学以及发展经济学，不同的学科对粮食经营规模研究的侧重点略有不同，但本质基本类似。在农业中的经营规模的本质是：探索如何将农业生产活动中的各种要素进行不同量和不同方式的组合，以期获得效益和效率的最大化（Binswanger，1988）。

国际上对于粮食经营规模的研究起源于土地规模经营，规模经营和规模经济又是几乎同时出现的概念。规模经济和规模经营的本质基本一致，在农业中都是为了将各种要素组合，形成适度的规模，获得最优的规模效益和效率（Bliss et al.，1982）。土地作为基本的投入要素，对土地的集中或整合能较好地体现农业生产经营的规模，因此在之后的学者研究中，规模经营大多数是指耕地面积的规模经营。

在古典经济学阶段已经有了对经营规模，尤其是规模经营的研究，土地报酬递减的研究是古典经济学家对规模经营研究的开始，著名经济学家威廉·配第（17 世纪）对农户经营规模和生产力之间的关系进行研究发现，土地的产量不能随着劳动投入的增加而增加，土地的生产能力是有一定限度的，超过这个限度，土地的产量不会增加，反而会降低，其在之后的《政治算术》一书中也对该结论进行了进一步的细化，提出了报酬递减的粗略概念，该研究实际上就是对农户经营规模大小和生产力的关系研究。在亚当·斯密的《国民财富的性质和原因研究》（1776）中也涉及了粮食经营规模和劳动生产率的研究，该研究指出了农业中的报酬递减现象，提出了要素的合理分配（包括规模经营和社会分工）能有效地提高劳动生产率（屈小博，2008）。

农业经济理论体系形成时期，学者们已经开始探索经营规模理论。法国重农学派经济学家杜阁在分析报酬递减规律时提出了对经营规模理论的研究。他在分析报酬变化规律的《关于财富的形成和分配的考察》（1766）一书中，探讨了资源配置、最佳投入量等农业生产过程中的问题，开拓了经营规模研究的理论。西尼尔（1836 年）在其编著的《政治经济学大纲》中对杜阁（1766）的报酬递减规律进行了补充（Smith，2008），认为应该加入“生产技术在农业中保持不变”作为前提条件，丰富了规模经营的理论。随着农业经济理论体系的发展，农业经营规模和规模经济问题也在同时发展并且得到了更多学者的关注。例如，Francois Quesnay 在 18 世纪中期就曾研究过法国的农业经营状况，并且得出了大规模农业比小规模农业具有优越性的结论（钱贵霞，2005）。

在农业经济学方面，该学科创始人 Arthur Young（英国经济学家）在其著作《农业经济论》（1770）中从生产费用、经营收益方面探讨了规模经营的原理和原则，指出大规模农业优于小规模农业，并提出在追求利润最大化的条件下，应该建立大规模的农场，并且要雇用农业劳动力来从事农业的生产。18 世纪后半期，德国的戈特洛布·冯·尤斯蒂（G. H. Gottlob von Justi）主张合并分散和零碎的耕地，并将该主张放入该国的农业改革方案中（雷海章，2003），这也是对规模经营理论的实践探索。英国经济学家约翰·希克斯（John Richard Hicks）（1980）研究发现，采用扩大经营规模的方式替代劳动的机械化是一种进步模式，具有规模经济效率，这种理论在美国成功实施并且获得效益。

在制度经济学方面，学者对经营规模理论的探讨也取得了一定的成果。在制度和技术角度方面，North（1994）、Hayami 和 Ruttan（1985）等的研究较有代表性，他们在研究农业经营规模理论时有独到的观点，认为经济增长没有固定的模式，也就不一定遵循规模经济的规律，因为要素与产品价格是动态变化的，这种变化是导致技术和制度演变的主要动因，进而促进农业生产的增长。马克思主义学派学者也对农业规模经营和规模经济理论进行了研究，他们的研究主要围绕着大生产和小生产的关系展开，认为尽管小生产和农业规模经营在概念上存在差异，但两者互相交叉和重叠，大生产和小生产关系的原理与大规模经营和小规模经营的问题关系密切，该原理认为：小农经济规模存在隔离、分散、封闭以及狭小的弊端，生产方式较落后，并且未来大生产会最终取代小生产。马克思的大生产、小生产关系原理中涉及的农业规模经营具有合理性，但也存在一定的局限性，因为该理论探讨规模经营只是从生产力和生产关系的角度，考虑的因素相对较单一。

对不同学科相关的农业经营规模理论的研究进行分析可以看出，各个学科在分析农业经营规模理论上各有侧重和倾向，如农业经济学和发展经济学在分析农业规模经营理论时，更侧重对理论的扩展和完善，主要研究的是农业生产经营主体规模结构，规模结构与技术结构的关系以及规模结构对经济、社会的影响等方面；农业经营学和农业生产经济学则侧重从实证分析的角度研究农业生产要素的最优配置组合，或者测算生产经营主体的最优或适度的规模（彭群，1999）。

总体而言，农业规模经济理论研究的建立和发展是过程性的，经过了实践的长期积累，又经过了学者们对理论的持续探索，其在某种程度上揭示了农业生产在市场化条件下的典型规律，对市场化条件下如何合理有效地发展农业具有一定的指导和借鉴意义。另外，各国存在较大差异（体现在社会、政治、经济、资源、文化等方面），提醒我们在对理论进行借鉴和参考时应该慎重和客观，找出符合本国国情的理论，而不能不加取舍地套用（张忠明，2010）。

2. 国内对粮食经营规模理论的研究

我国对粮食经营规模的研究也在不断变化，在初期遵循的是大农业规模经济理论（彭群，1999），这种理论主要模仿苏联的理论模式，即马克思的大生产和小生产关系原理。对农业经营规模理论进行研究，我国起步较晚，是从新中国成立以后才开始的。政治因素对粮食经营规模研究产生了深远影响。改革开放以前，学者们普遍认为，根据生产力和生产关系相适应的原则，大生产在农业中要优于小生产，更符合生产力要适应生产关系的原理，只有通过合作化和集体化的形式聚集土地，扩大农业的生产规模，才能优化配置各种资源，获得规模效益，促进农业的增长（彭群，1999）。

改革开放以后，家庭联产承包责任制得到了普遍推行，这种格局完全扭转了大规模生产的局面，带来了农业超乎寻常的增长，然而农业增长的局面不长，1985 年，我国农业生产再次出现了停滞不前、徘徊不定的格局。国内学者掀起了对农业规模经营理论研究的高潮。总结该阶段的相关文献可以发现，该时期学者们主要探讨三个方面的内容：一是探索经营规模，尤其是规模经营的内涵；二是探索经营规模的经济学原理和规模经营的必要性；三是探索经营规模扩大的前提、条件和路径（张忠明，2010）。

在探索经营规模内涵的论文中，学者们主要研究的是农业用地的经营规模问题，早期的研究主要探讨的是我国家庭联产承包责任制的优缺点，以及我国进行大规模经营的原理和理论，不同学者从不同的角度给出我国粮食经营规模的内涵，但是学者们探讨适度经营规模时，大部分认为我国应该扩大经营规模，2000年后，学者们对粮食经营规模内涵的探讨文献越来越少（屈小博，2008）。

农业经营规模的本质是一种制度安排，希望通过盘活土地使得要素达到优化配置，提高规模的效率和效益。在农业经济学中，农业经营规模主要是指土地的经营规模，在新中国成立早期，曾盲目、过度地追求扩大土地规模，为了避免这种误导，学者们提出了一个新的概念，即适度规模经营（张红宇，1996）。适度规模经营的提出使得很多学者投入到这一概念的研究中，如张文渊（1999）从两个方面解释适度土地经营规模的内涵，认为适度一方面是指单位劳动力经营的土地要在该劳动力的承受范围内，不能太多也不能太少；另一方面是指土地和其他物质投入应该达到配置的最优化。在土地经营规模扩大时，生产要素得到了最优的配置、土地的经济效率和技术效率达到最大，才是扩大经营规模的核心和本质，而不应把土地数量简单相加。在现有研究中，认为我国农业经营规模内涵主要包括两方面：一是扩大土地的经营规模。劳动力不但能够发挥最大价值，而且能获得在发挥劳动力价值情况下的最大收入（研究认为，该收入的标准是等于或高于当地乡镇企业劳动者的平均收入水平）。二是让会种田的人获得更多耕地。耕地向种田能手集中，能发挥耕地生产的潜力，进而保障农产品产量和粮食安全（周诚，1995）。

随着对农业规模经营认识的深入，对其内涵的界定也在发生动态的变化，从扩张的经营规模的单一土地内涵，发展到考虑多方面因素的经营规模内涵，进而提出了内涵和外延适度规模经营的概念。外延适度规模的内涵类似单一扩张土地经营规模的内涵，即土地面积的扩张是实现适度规模的途径，进而达到规模效益；内涵适度规模，是指在土地规模扩大受限制时，通过合理增加资金、劳动力和技术投入等形式，获得土地产出率和劳动收益的最优化（杨素群，1998）。

1998 年后，适度经营规模的概念进一步扩展，主要是指在一定的自然、经济、技术条件下，农户（或劳动力、农场等经营主体）充分利用各种资源，并对资源进行合理组合，从而达到最佳的经济、社会和生态效益的过程（杨素群，1998；张瑞芝、钱忠好，1999）。现阶段，农业经营规模的界定已逐渐走出传统农业的范畴，并向外围的现代农业经营规模转变（钱贵霞，2005）。

进入 21 世纪后，对农业经营规模的理解进一步升华，研究认为农业经营规模应包括两层含义：一是农业规模收益首先体现为增产，而农产品产量的增加却依赖农业生产要素的投入（陈浩，2001）；二是农业的市场规模构成现代农业规模经营（陈浩，2001）。“农业外部规模经营”是 2005 年后出现的新概念（钱文荣、张忠明，2006），是指通过农业合作组织和社会化服务的力量，整合零散的经营农户，为农户提高各个生产环节的服务，通过整合的力量来解决单个农户无法解决的问题，农业合作组织一般包括农业合作社、农业协会等，提供的服务也都按照农户的需求，包括提供生产资料、技术服务、劳动协作、技术支持、信息公布以及销售服务等。

（二）农户粮食经营规模选择的影响因素

现有的文献较少有直接对粮食经营规模选择的影响因素的研究，但是有文献间接研究了我国农户对粮食经营规模选择的动因，如屈小博（2008）在研究我国家庭联产承包责任制的优缺点时，指出了制度因素和政策因素是影响农户对粮食经营规模选择的重要因素。韩俊（1998）则认为我国的均田制限制了农户经营规模的选择。周诚（1995）在研究适度规模经营时，提出劳动力、外出务工收入以及农户特征（如农户的种植技能）是影响农户对粮食经营规模选择的重要因素。杨素群（1998）则认为要素的投入（资金和技术的投入）是农户改变经营规模的重要驱动力。杨素群（1998）和张瑞芝等（1999）在研究是否扩大粮食经营规模时，指出经济因素（包括市场因素等）也是影响农户对粮食经营规模选择的重要动因。

张明杨等（2015）利用省级动态面板数据研究了玉米经营规模决策的影响因素，其发现影响农户玉米经营规模决策的最主要因素是农户对玉米未来相对净收益的预期，同时还包括农户前期的决策以及替代产品的价格等。卢宪英等（2009）基于农户的调查数据，对农户的玉米经营规模的影响因素进行了分析，从内生因素和外生因素两个层面分别考虑了户主的特征（年龄、教育年限）、家庭劳动力以及价格因素和农户社会网络发育等因素对农户玉米经营规模的影响。

在国外研究中，学者们也认为不同因素会影响农户的经营规模选择，Dyer（1997）认为外出务工收入和家庭特征都会影响农户的经营规模选择。Chattopadhyay 和 Sengupta（1997）等认为要素投入和资本投入会影响农户的经营规模选择。拉坦（1984）认为人均收入是影响农户经营规模选择的动因之一。Thapa 和 Gaiha（2011）则发现市场和政治因素等都能影响粮食经营规模选择。

从现有文献看，对于农户的粮食经营规模选择动因的研究相对较少，而农户经营规模选择的动因是把握我国粮食经营规模的特征和农户生产特征的重要指标，有利于政府有的放矢地制定相关的农业政策，因此对于农户粮食经营规模选择的动因研究有一定的必要性。

（三）经营规模与效率关系的研究

1. 国外对于经营规模和效率的研究

对于不同经营规模的生产效率问题一直是研究经营规模的焦点，学者们对不同经营规模效率的高低也存在较大的分歧。

最初的研究认为，经营规模和生产率存在着显著的负相关（Fan et al.，2005）。1962 年 Sen 最先得出小规模种植比大规模种植劳动生产率更高的结论。对经营规模和劳动生产率之间存在负相关的解释是不同规模的资源禀赋是不同的，因为小规模经营使用的是家庭劳动力不需要雇用劳动力进行农业生产，因而劳动交易成本比大规模种植低（Raghbendra，2010），而且小规模种植的劳动利用率和土地利用率也较高，因此单产水平要高于小规模种植（Feder，1985）。Chattopadhyay 和 Sengupta（1997）发现孟加拉国的农业发达地区，这种逆向关系更加明显。对于经营规模和劳动力的逆向关系解释，除了劳动力使用率高之外，Dyer（1997）认为主要是因为小规模的农民更贫穷，对于利用有限土地来养家糊口的渴望更强烈，因此其生产率较高。此外 Mazumdar（1965）、Bharadwaj（1974）、Chaddha（1978）、Ghose（1979）和 Bhalla（1979）等都得出了经营规模和生产率之间的逆向关系。如 Cornia（1985）对 15 个发展中国家进行研究发现，有 12 个国家都存在这种逆向关系，原因是小规模经营土地的投入和土地利用密集度更高。Hazell（2005）研究了巴西、马来西亚、哥伦比亚、巴基斯坦、印度、菲律宾 6 个国家的农业，发现农场规模与单位土地面积的产量之间存在着负相关关系。

《世界银行报告》（1995a）发现，规模与生产率之间呈逆向关系，即小规模农场的效率高于大规模农场。世界银行的研究人员发现，大规模农场（高于 8 公顷）的单产水平远低于小规模农场（低于 0.5 公顷）；这种结论在印度也进一步被证实，印度的小规模农场（低于 2 公顷）每公顷的生产收入比 10 公顷以上规模农场高；在巴西，农业收入也随着经营规模的减小而增加。伯纳姆和斯夸尔（1978）对印度所做的典型调查发现，小规模农场（3.55 公顷以下）的单产为每公顷 1.70 吨，大规模农场（3.55 公顷以下）的单产为每公顷 1.61 吨。

但也有学者认为经营规模和效率之间并不存在必然关系或者正向关系（Bhalla & Roy，1988）。例如，瑞定杰等（2000）对菲律宾进行经营规模与生产率研究时发现，经营规模与生产率的关系既不是完全的正相关，也不是完全的负相关，其研究认为对于小型农田，只有面积增加到 4 公顷以上，生产力才会随着规模增加而增加，很小的经营规模（小于 0.5 公顷）的生产率很低。Foster 和 Rosenzweig（2010）利用 REDS 的面板数据对成本、风险、规模经济以及机械化等方面进行研究，得出小规模种植根本没有效率的结论。

Chadha（1978）研究了三个农业气候带，发现如果加上动态因素，经营规模和生产率之间的逆相关不存在。Ghose（1979）则指出负相关的存在是基于技术滞后的假设，如果技术进步存在，则这种逆相关就不存在。同样的，Deolalikar（1981）的研究也发现，印度地区低技术水平的农业存在着规模和劳动率的逆相关，而高科技农业中这种关系不存在。

Chattopadhyay 和 Sengupta（1997）得出的结论是经营规模和生产率之间存在着正相关，原因是大规模化肥利用率和资本投入高，保证了高的生产率。拉坦（1984）收集了 43 个国家的从 1960 年到 1980 年的数据，使用农业生产函数的方法进行分析，结果表明，发达国家（人均收入在 4000 美元以上），经营规模和效益存在正相关，不发达国家（人均收入在 4000 美元以下）则不存在经营规模和效益之间的关系。

Thapa 和 Gaiha（2011）也利用印度的调研数据对印度地区不同粮食品种进行分析，发现不同品种的粮食经营规模和生产率之间的关系不同，但是并没有得出小规模种植生产率更高的结论；Havnevik 和 Skarstein（1997）研究发现，短期内小规模种植的生产率较高，但是从长期看，小规模种植的生产率会不断下降，出现这一现象是因为，虽然小规模经营的劳动生产率较高，但是小规模经营的农民通常资源较贫乏，很难有效合理地投入化肥等生产资料，久而久之土地的生产率就会下降。Hazell（2011）的研究也得出类似的结论，即小规模种植的优势会随着国家的发展而变得越来越不明晰，原因是城市的发展使得人们收入提高，更多的农民会选择离开农业，从而使机械化和大规模变得更有效。

通过以上文献可知，现有研究中对于经营规模和效率的关系很难有一致的结论，主要是因为，不同学者的研究地域、品种、年份、方法等都不同，尤其是随着技术的进一步提高，自由化程度加深，商业化的成熟和土地种植的进一步细分（Ch et al.，2011），经营规模和效率之间的关系也在动态地变化和发展。

2. 国内对于经营规模和效率的研究

国内对于粮食经营规模和效率之间关系的研究观点同样不一致，有学者认为两者之间存在负相关，而另一些学者认为两者之间是正相关或者不存在关系。土地作为粮食最基本的生产资料，其规模变化与效率关系问题一直是国内外学者争论和关注的焦点。

在国内，学者们也从不同的效率方面（技术效率、生产率、收益率、经济效率等）定量、定性地研究了粮食的经营规模和效率的关系，研究的范围既包括全国层面，又包括特定区域；所涉及的品种既包括粮食作物、经济作物，也包括畜产品和水产品等；研究的时间跨度较广泛，从新中国成立到现在；使用的方法和数据也各异。所有研究文献大致可以分为三种观点：第一种观点认为经营规模和效率之间存在正相关，即规模越大效率越高；第二种观点认为经营规模和效率之间存在负相关；第三种观点则认为经营规模和效率之间不存在关系。但整体而言，大部分学者支持经营规模和效率是正相关的结论（钱贵霞，2005）。

学者们从不同角度对经营规模和效率的正相关性进行了研究，如俞敬忠（1994）通过对无锡的52个村103个规模经营农户的数据进行分析，发现了扩大经营规模能够提高劳动生产率和土地的生产能力，其中大规模农户的小麦产量增加了10%，水稻单产增加了5%～10%；而且大规模农户的粮食市场化率也不断增长，农民收入和农民种粮积极性都得到了提高。张光辉（1996）则从单位面积产值和单位面积产量两个层面对经营规模和单产关系进行了分析，并对比分析了美国、法国和日本的情况，发现美国和法国都是规模越大，产出率和效率越高，同时他对日本水稻的单位产值、单位产量分析也得出了同样的结果，因此其认为，为了提高农业劳动生产率，增加农民的收入，加快我国工业化、城市化进程，应当大力发挥农业规模经营和适度规模经营。

黄祖辉等（1998）利用浙江和江苏两省规模经营的试点数据，实证分析了粮食经营规模效率，使用生产率（劳动和土地）、市场化率、收入、成本和要素投入等指标作为效率的综合依据，验证经营规模和效率的关系，其研究发现，经营规模增加显著地提高了劳动生产率、市场化率和要素的投入。韩俊（1998）则从另一个角度研究了我国应该推行大规模经营的必要性，分析了日本、韩国和我国台湾三个地区小规模经营的方式有很多局限性，包括经营方式死板，高成本、低效率、高价格以及低竞争力。中国为了避免这些弊端应该从均田制的格局转向适度经营的模式，实现工业反哺农业，提高我国农业的效率和国际竞争力。

陈欣欣等（2000）利用1986～1999年的浙江农村固定观察点数据，实证比较了不同经营规模农户的效益和年际效益的演变，其研究认为农业经营规模和收入水平以及资源利用率之间存在U形关系，并认为均田制是效率低下的一个重要原因。孙自铎（2001）认为，评价经营规模扩张效率高低应该以农户效益和收入为标准，农业适度规模经营有效地提高了劳动率和收益率，提高了我国农产品的国际市场竞争力；适度规模经营是必经之路，有利于科技推广、降低生产成本、节约管理成本、提高生产率和市场化率是适度规模经营的优点。王秀清（2002）以山东莱西市3个村的198户农户为研究对象，从土地细碎化的缺点入手，认为土地细碎化能增加农户使用机械操作的费用，降低农户生产率和投入产出比，提出要通过土地整理实现规模化经营的措施，并指出我国在土地整理政策和条件中的不足和缺点，认为明确土地产权、促进土地流转是遏制土地细碎化，进而走上规模经营的有效措施。

以上学者的研究肯定了经营规模和效率之间存在正向的关系，但是也有很多学者认为，经营规模和效率之间是负向的关系，或者两者之间根本没有关系。

任治君（1995）认为，在当时的自然、科技和经济水平条件下，扩大经营规模的余地不大，应该通过提高单产水平的方式来提高粮食产量，而且其还认为提高经营规模和增加粮食产量的目标是相矛盾的，作者通过分析5个规模的农场情况发现了规模和单产之间是逆向关系，即农场规模越大，土地生产效率越低，并得出降低单位成本和提高单产在扩大经营规模时难以兼得的结论。罗必良（2000）从经济组织规模效率的决定因素入手，使用了效率的多个指标，包括生产函数、交易费用、内部管理成本和垄断利润等，分析经营规模与效率的关系，认为农业这个行业不存在显著的规模经济性。

同样，林善浪（2000）研究发现小规模经营农户的生产率比大规模高，指出很多学者认为的大规模经营能提高粮食商品率进而提高粮食产量的观点是不正确的，他认为，小规模经营能提高土地生产率、增加劳动力投入和流动资产的投入，而且小农户的成本费用在劳动力和畜力未满负荷的情况下更小，比大规模经营有竞争力，他还指出了规模经营使得土地生产率和劳动生产率目标相矛盾。姚监复（2000）通过实地考察和分析数据的方法发现粮食规模与单产之间呈现逆向关系，并指出像美国这种大型农场经营模式不符合中国农业生产情况，同时提出全要素生产率（TFP）是衡量规模效率的最有效方法。屈小博（2009）和刘七军等（2012）的研究都发现，经营规模和技术效率之间存在着倒U形关系，只是前者研究的是陕西的果树而后者研究的是甘肃民乐县和临泽县的小麦和玉米，姚增福等（2012）以黑龙江种粮大户为研究对象发现，经营规模与技术效率之间具有较强的反向作用效应，而张尹君杰等（2008）以河北农作物为研究对象，从土地细碎化的角度得出小规模导致了技术效率低下的结论。

除了以上学者得出粮食规模与效率之间是负向关系外，国内还有学者认为粮食规模与效率之间并不存在显著关系。例如，万广华、程恩江（1996）使用农业部和国际抽样调查数据，实证分析5种主要粮食作物（早籼稻、晚籼稻、冬小麦、玉米及薯类）的土地产出率，研究结果也发现这5种粮食作物几乎不存在规模经济效益，玉米、晚籼稻、冬小麦、早籼稻、薯类的规模经济指数分别为1.169、0.967、1.107、0.985和0.904。因此作者认为由于我国农业生产中的规模经济并没有远高于1或者远低于1，因而增加农户的经营规模不能显著带来粮食增产，他进一步指出，我国土地的细碎化是影响粮食产量的重要因素之一，建议我国政策的制定者应该更多地关注土地连片集中而不是农户的规模经营。

（四）关于“农业经营规模是否应该扩大”的探讨

1. 对“农业经营规模是否应该扩大”的探讨

农业规模经营是否应该扩大也是学者们关注的热点问题，主要出现在20世纪90年代中期，其中绝大部分理论研究者和实际工作人员认为我国应该进行农业大规模经营，部分学者持反对意见，认为我国应该进行小规模的经营模式。

对国内规模经营持有肯定态度的观点认为，农业经营规模扩大，对稳定粮食生产、增加务农者收入等方面有重要的作用，同时对建设现代化农业也具有积极意义，是农业现代化的必由之路，是农村工业化的必然结果（季洪茂，1999）；

土地小规模经营与市场经济不相适应，小规模经营对资源造成了极大的浪费，削弱了农业的基础地位，难以取得较高的经济效益，因此，小规模经营方式很难适应市场经济的要求（田兴兰，1998）。

进入21世纪，很多学者在新的时代背景下提出了扩大经营规模的必要性。在经济全球化趋势下，中国通过如WTO等各种与国际组织合作的形式，使得中国和世界市场紧密相连，这也使得我国农业面临新的机遇和挑战，而农业规模化经营是一种先进的模式，能够提高我国农产品的竞争力，也是我国农业推行产业化、科技化和现代化的基本条件（张继功，2003；丁春福，2003）；从技术进步和农业经营制度看，农业领域的技术应用越来越普及，为农业规模扩大提供了条件，也促使农业经营规模扩大成为必然。在追求效率的农业商品生产中，应该发展和创新规模经营（陈春霞、冯巨章，2003）；且在当前情况下，小规模经营更容易受到环境因素、自然灾害以及水资源缺乏的影响，农业技术对小规模经营的使用率普遍不高，这些都要求进行大规模经营（Ganesh，2010）。

也有些学者对扩大规模经营持有反对意见及不确定性态度。喻国华（1995）认为农村土地是根本，农民可以依靠土地养活自己，还与农村福利和农民的社会保障紧密联系在一起，因此，人均分配和小规模的经营模式具有一定的合理性，在我国当前经济和制度背景下，扩大土地的经营规模有很大的困难和阻碍，小规模经营模式具有理论和现实意义。徐明华（1998）认为土地规模经营的利弊尚待权衡；黄志遥（1994）对土地经营规模的扩大持质疑的态度，他从农村劳动力的出路、农户土地规模适度的确定以及土地流转期限、价格补偿等视角对经营规模的扩大进行研究，认为我国不应急于扩大土地经营规模，且在当前小规模经营的劳动效率高于大规模经营，很多高质量的粮食作物仍然需要进行高密度的劳动力投入和小规模经营（Ganesh et al.，2010）；Philip（2010）从精耕细作角度分析认为，将来应该发展小规模和劳动密集型的农业才能保证农业的可持续性。

2. 经营规模变化的前提条件及实现途径的研究

要扩大经营规模至少要满足以下条件：一是有大批劳动力转移到非农部门，

并在非农部门获得长期的、稳定的收入，这种劳动力转移有效地缓和了人地紧张关系（杨雍哲，1995；钱忠好，1996；刘凤芹，2006）；二是部分有资金、有技术、有管理经验的农户（经营主体）愿意从事农业生产，且只从事农业生产（杨雍哲，1995）；三是当农业生产力水平和农业劳动生产率提高时，农民有扩大农地经营规模的意愿（钱忠好，1996）；四是资本、技术能够较便捷和相对低成本地替代劳动，且使农业生产成本降低、经营者收入增加，保证农民有扩大经营规模的动力（钱忠好，1996）；五是有相应的机械化作为服务手段（王启善等，1998）；六是土地流转灵活和土地集中迅速，这为经营规模的扩大提供了保障（刘凤芹，2006）。

（五）对经营规模研究文献的评述

通过分析和查阅现有文献可以看出，大部分的国外文献主要集中在对欧美的农业经营规模的探讨，且经营规模的品种也主要集中在畜产品、经济作物等方面，对于粮食经营规模的探讨不多，国际上对亚洲国家的研究，尤其是对中国、韩国、日本等规模相对较小的国家的研究也较少。对亚洲国家粮食经营规模问题的探讨对于保证粮食安全和未来小规模农户经营出路都具有重要意义。在国内，粮食经营规模的研究方向主要集中在对不同经营规模的效率和农民收益等方面，对于影响粮食经营规模选择驱动力的研究较少。

现有研究只是侧重某个具体的方面，如有的文献主要研究的是粮食经营规模和效率的关系，有的则集中研究粮食经营规模和农民收益问题，很少有系统地研究粮食经营规模的演变、农户进行粮食经营规模选择的驱动力以及粮食经营规模的效率和收益等问题。系统地对以上内容的研究能更好地把握我国不同农户粮食经营规模的现状和特征，为政府制定相关的政策和农户进行最优化生产都具有一定的借鉴作用。

对于农户粮食经营规模选择的驱动力研究较少。鲜有文献直接研究农户粮食经营规模选择的驱动力，有部分文献间接地分析了制度、经济以及要素投入和外出务工收入等因素对于农户粮食经营规模选择的影响，但是对于影响因素的分析不够系统且缺乏一定的实证验证。农户粮食经营规模选择的驱动力对于把握我国粮食经营规模的特征具有借鉴意义。

对如何扩大经营规模的实证研究较少。现有文献中，很多学者都提到了要扩大经营规模，但是很少有学者从实证的角度定量地分析该如何扩大经营规模以及扩大经营规模的标准，很多学者都是通过论述的方式提出应该适度规模经营和扩大经营规模，没有实证的支撑，可靠性和说服力显得薄弱。

对如何划分经营规模文献的研究也较少。现有国内文献中，很多学者都将研究的规模分成不同类型，如将研究地区的农户某品种的经营规模分成大规模、小规模和中规模，但是鲜有学者对不同规模划分的标准和依据进行阐述，大部分学者的划分规模主要来自引用前人文献，没有对规模划分标准进行界定和说明，所分析的不同规模很难具有说服性和可靠性。

对研究河北玉米农户经营规模方面的文献也不多。在国内研究文献中，在粮食经营规模方面的研究，大部分学者都是选择某个地区的某个品种，因为全国不同地区和不同品种之间的差异性太大。河北地处华北平原，其玉米的产量和农户的经营规模在全国粮食生产中都具有不可替代的作用，也具有一定的典型性，对研究全国的粮食经营规模具有一定的参考和借鉴意义。

四、研究目标及内容

（一）总体目标

本书基于一般农业经济学规模经济论、传统农业经营学规模经济论、农业生产经济学规模经济论、发展经济学农业规模经济论，从粮食经营规模的演变及现状入手，运用动态面板数据，对河北玉米农户经营规模选择的驱动力进行分析；并且运用随机前沿生产函数等方法对技术效率、生产成本、现金收益等进行测算，为探讨最优的经营规模、制定相关政策以及提高农民收入提供一定的参考。

（二）具体目标

1. 对河北玉米农户的经营规模进行实证划分

主要是利用统计描述方法和主成分分析方法实证划分单指标和多指标的粮食经营规模，将粮食经营规模划分为小规模、中规模和大规模，为下一步的分析奠定基础。

2. 分析我国农户经营规模的演变和现状以及玉米的市场和贸易现状

首先，利用宏观数据分析了我国粮食经营规模演变，对粮食经营规模的演变主要从时间和空间两个层面进行分析，并分析了农业政策以及粮食经营规模相关政策的演变；其次，分析了玉米的消费、市场价格和贸易情况；最后，分析了河北玉米农户的经营规模的演变。

3. 实证研究河北玉米农户经营规模选择的驱动力

探索农户对经营规模选择的动因；分规模分析了经济、社会、农户特征等内在、外在因素对玉米经营规模选择的影响。

4. 测算河北玉米不同经营规模农户的效率

主要从技术效率、现金收益、生产率和生产成本方面测算不同经营规模的效率,对不同经营规模的效率等指标进行对比分析，从效率角度探讨较优的经营规模。

（三）研究内容

第一部分：研究的背景、意义以及理论基础。

本部分主要是对研究经营规模的背景以及研究意义进行阐述，并且归纳了粮食经营规模相关的理论基础和研究方法，对研究的难点和创新点进行了分析。

第二部分：分析全国粮食经营规模、政策的演变以及玉米的市场和贸易情况。

本部分主要是利用统计局的宏观数据和农业部固定观察点的数据，从时间和区域两个维度分析我国主要品种粮食作物的户均经营规模演变和现状，将我国自新中国成立以来在农业经营规模方面的政策进行分类、汇总，以期发现政策的演变规律，同时还分析了玉米市场和贸易情况。此外，本部分还分析了亚洲国家，尤其是日、韩两国在经营规模方面的模式和经验。

第三部分：对河北玉米农户的经营规模进行划分。

参考现有经营规模的不同划分方法，根据数据的可获取性以及现实性因素，对河北玉米农户的经营规模进行划分，利用概率密度分布函数的等分原理将经营规模分成小规模、中规模以及大规模，且进一步尝试利用主成分方法构建多指标对河北玉米经营规模进行划分。

第四部分：实证研究河北玉米农户经营规模选择的驱动力。

在本部分利用2003～2010年的农业部农村固定观察点的河北玉米农户的微观数据，参考以往研究文献，基于农户生产经营行为原理，根据河北玉米生产的实际情况找出影响经营规模的驱动力，既包括农业因素也包括非农业因素。本部分主要采用动态面板数据模型，对不同规模、不同影响因素进行分析，以期找出不同驱动力对玉米经营规模选择的影响。

第五部分：测算河北玉米不同经营规模农户的效率。

本部分主要是测算不同规模的河北玉米农户的生产效率：现金收益、生产成本，并且分不同规模，从单位亩数、每劳动投工日、每单位元投入三个方面对现金收益、生产成本进行分析。对不同经营规模的效率测算能够为如何提高粮食产量、如何提高农民收入、如何降低农户的成本提供一定的参考和借鉴。

第六部分：提出文章的结论、启示以及政策建议。

根据前几章的论证，对相关研究结论进行总结，进而提出对河北玉米和全国粮食层面的规模经营发展的建议和启示。政策建议主要从如何提高农民种粮积极性、如何制定不同经营规模的农户政策、如何确保粮食产量和提高农民收益等方面提出。

（四）本书研究结构路线图

本书的框架结构如图 1－1 所示。

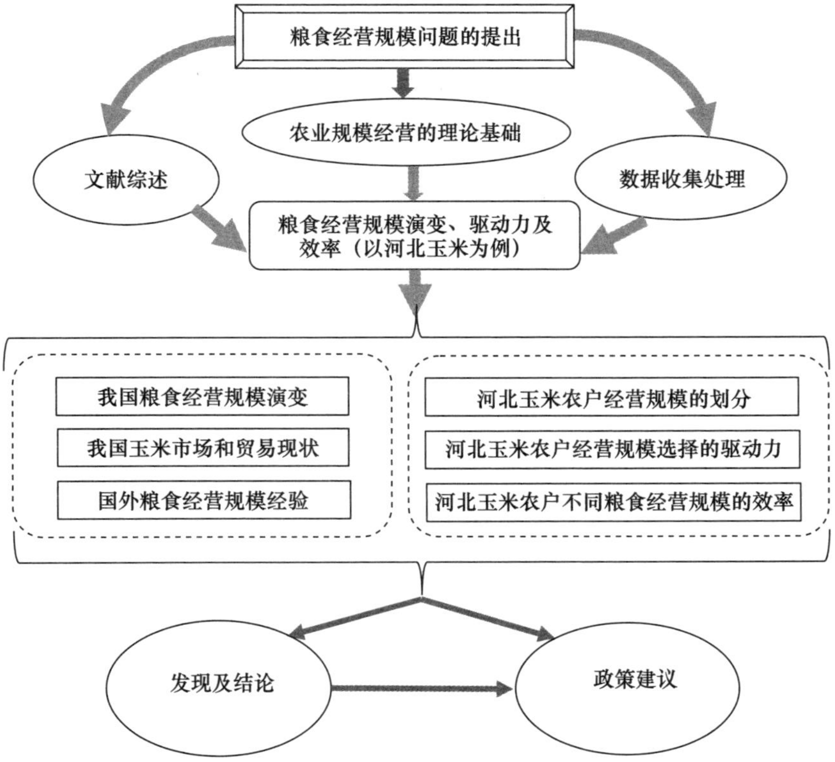

图 1－1 本书框架结构

五、理论基础与研究方法

（一）理论基础

1. 粮食经营规模理论基础

粮食经营规模的研究主要是基于一般农业经济学、传统农业经营学、农业生产经济学以及发展经济学，不同的学科对粮食经营规模研究的侧重点略有不同，但本质基本类似。在农业中的规模经营本质是探索如何将农业生产活动中的各种要素进行不同量和不同方式的组合，以期获得效益和效率的最大化（Binswanger，1988）。

2. 农户经营行为理论

对于农户粮食经营规模选择是农户理论的研究范畴，可以从农户经营行为理论方面解释，农户经营行为理论是指农户会为了追求利润最大化，或者资源的最优化配置而设定的经营目标和生产决策（翁贞林，2009），农户经营行为理论有三个学派，分别是组织与生产学派、理性小农学派以及历史学派。组织与生产学派的学者认为，农户的经营决策行为主要是为了追求生产的最低风险；理性小农学派认为农户的决策行为是为了最求利润的最大化；而历史学派则认为农户的经营行为既是生计的需要，也是为了追求利润的最大化，农户经营行为是两者的结合。

农户经营行为是一个系统的运行机制。其理论基础是建立在农户经营的需求、目的、内在约束和外在行为共同作用的基础上，并将农户的成本和收益考虑到经营决策中。各经营要素有序承接，构成农户经营行为的运行体系，即农户经验行为是从需求的动机开始，在内在约束的作用下，农户及时对约束做出修正（理想经济人追求利益最大化），并且以外在行为作为表象，共同构成农户经营行为，循环构成了农户经济行为运行的系统机制。

对于粮食经营农户而言，虽然农户的经营规模选择会受到各个方面因素的影响，但农户的决策目的还主要是为了达到个人或者整个家庭的利润最大化，或者使资源达到有效的配置。这也是农户进行粮食经营规模选择的动机，其中利润最大化和资源最优化都是指非农和农业两个方面。例如，有的农户更倾向于外出打工，因为从农户个人决策的角度，外出打工能够带来更大的收益，所以农户会选择减少种植农作物，进而将更多的劳动力投入到外出打工中；还有的农户主要以农业生产为主，农户会以利润最大化为目的，在不同作物种植之间进行选择，图1－2是农户经营行为机制原理，农户在内在约束和外在行为的限制下，基于农户的需求和动机，按照农户的目标来进行决策，从而达到综合性的利润最大化（农业和非农业）。

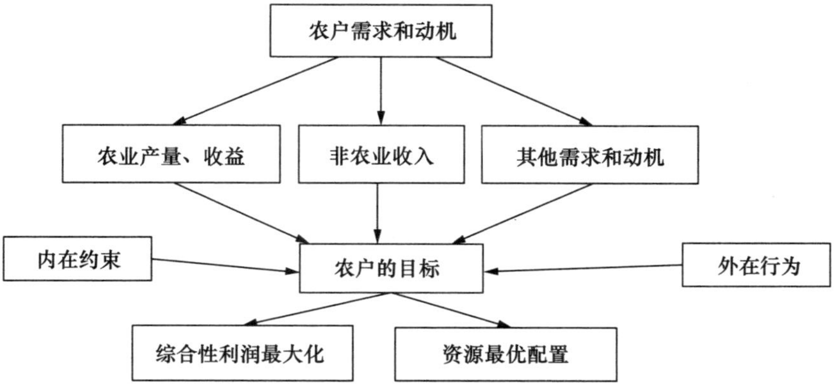

图1－2 农户经营行为机制原理

（二）研究方法

1. 比较分析法

本书会使用很多比较分析的方法，如对世界主要国家之间的经营规模进行比较；对中国不同经营规模进行生产力比较以及对不同经营规模影响因素进行分析；分析不同国家的农业政策和经营规模等情况均使用比较分析法。

2. 定性分析与定量分析相结合的方法

定性分析就是运用归纳和演绎方法、分析与综合的方法以及抽象与概括相结合的方法，对获得的资料信息进行思维层面的分析和加工，从而提取出精华，找出事物的本质，深刻地认识事物的内在规律和特征。

定量分析是分析事物数量的关系、变化以及特征，在经济学中则是分析经济现象或者经济行为的数量特征、数量关系与数量变化等。

本书使用的是定性分析和定量分析相结合的方法，既利用数据对经营规模的现状以及不同国家经营规模进行分析，又通过数据的统计描述得出经营规模的趋势与变动情况，以及不同国家的经营规模的变动情况；在分析不同经营规模的影响因素时，既对不同影响因素进行不同性质的识别，又通过具体数据将不同影响因素进行量化。

3. 实证分析法

实证分析方法也是本书使用的重要方法，在对不同经营规模进行定义和区分时，使用的是主成分分析和统计分析；在分析不同影响因素对当前经营规模的影响时，利用计量模型进行分析，具体使用的是面板数据模型；在分析粮食经营规模效率时则主要使用的是随机前沿生产函数和统计方法。

4. 规范分析法

规范分析是基于一定的价值判断标准，进而提出在经济学中分析和处理经济现象和经济行为的标准，该分析是建立经济理论的前提，可以作为政策制定者出台相关政策的依据和参考，规范分析还研究符合这些标准的标准问题。本书在研究中也是基于一定的价值判断标准，如确保产量和收入，同时围绕效率对不同规模进行分析，这些可以作为制定相关政策的参考和依据。

5. 静态分析与动态分析相结合的方法

静态分析与动态分析有着本质的区别，二者的前提条件也不同，适用条件各异，用两种不同的方法进行分析得出的结论往往差异很大，有时甚至相反。

动态分析相比静态分析更复杂，因为动态分析要考虑随着时间变化经济变量不断变化对经济体系的影响，所以分析上有一定的难点。因此在应用微观经济学分析中，主要采用的是比较静态方法和静态方法，在研究经济周期理论和经济增长理论等宏观问题时，使用的是动态分析方法。

本书所用的数据存在着时间上的变动，在利用影响因素模型进行分析时也考虑了时间的滞后等问题，其他方面则主要使用的是静态分析和比较静态分析。

6. 归纳总结方法

本书在不同章节和不同段落中都注重对段落和章节的内容进行总结归纳，保证了对研究论点的提炼。归纳总结能保证论述更有条理，也是提炼全书主要观点的主要方法。

六、创新点及难点

本书基于农户的微观数据，从微观的角度研究农户经营规模的演变、驱动力和效率。现有的文献中鲜有实证研究如何划分粮食的经营规模的，本书采用单指标方法和多指标方法，对河北玉米农户经营规模进行实证划分，还从农户经营规模选择的角度系统地分析了影响农户玉米经营规模选择行为的驱动力；此外，本书还分不同规模系统地测算了技术效率以及收益率、产出率，从多个维度评估了不同经营规模的特点。

本书的难点有三点：一是对河北玉米的经营规模划分的多标准选择；二是对影响玉米农户经营规模选择的模型估计、模型问题的处理；三是对所得出结论的提升以及政策建议的提出，即如何根据本书的发现，提出有深度和恰当的政策建议。

第二章　概念界定及研究区域概况

一、概念界定

（一）经营规模

经营规模在经济学中应用较多，都有其特有的定义。首先在经济学中，经营是指生产资料、劳动力、资本等生产要素在生产单位或者经营组织中的组合关系或者集合程度，也就是指生产要素按照一定的比例进行配置，进而发挥生产或经营的效果，是一种范围和数量界限（石晓平等，2013）。规模在字典中是指规制和格局，但是在经济学研究中更多的是指特定事物的数量等级，是限定客体范围大小的数量概念，主要应用在事业、企业、团体、机构、工程、运动等方面和领域（金生霞，2012）。

经营规模是经营和规模两个名词的结合，是指在企业或其他经济实体中，生产资料（劳动力、劳动手段、劳动对象）的集聚程度、配置比例和组合形式。与规模经济不同，经营规模并没有包含节约或者效益的含义（张忠明，2008）。

（二）农业经营规模

农业方面的经营规模是特指在农业生产活动中，土地、劳动力和资金等生产力要素的聚集和组合的方式。农业经营规模是一个相对综合的概念，具有多种表现形式（屈小博，2008）。例如，土地经营规模主要用于衡量土地这种要素的规模；还有表示多种生产要素综合作用的规模，如产量和产值规模等。从现有对农业经营规模方面的文献可以看出，很多研究是特指土地经营规模，因为土地经营规模是配置其他生产要素的最基础条件。同时，土地作为农业最基础的生产资料，在众多经营规模的表现形式中，也具有特别重要的意义（张忠明，2008）。因此，当涉及经营效益问题的研究时，仍然将土地经营规模作为最重要的衡量标准之一（李鹏，2003）。

（三）农业规模经营

农业规模经营与农业经营规模两者有着显著的差别，农业经营规模范围较大，一般包含农业规模经营，而农业规模经营可以理解为农业经营规模的一种特定形式，包含在农业经营规模中（许庆等，2011）。农业规模经营包含农业的内部、外部规模两部分。因为规模经济是生产力领域的名词，所以规模经营是指生产的规模化，具体来讲就是在生产过程中，生产要素得到规模化使用，这里的生产要素主要是生产资料。在农业生产中，土地在农业生产中既是投入要素，又是生产资料，因此农业规模经营可以定义为基于土地适度规模化的生产资料的规模化使用（屈小博，2008）。

（四）粮食经营规模

对粮食的经营规模主要有两种理解：一是从生产角度，在其他投入要素不变的条件下，只考虑农户实际投入粮食生产的耕地面积或者播种面积的变化；二是将农户作为单位，分析农户经济规模在各种资源投入下的变化（石晓平等，2013）。本书对粮食经营规模的理解主要采用第一种，即粮食的经营规模是指农户的粮食播种面积。

（五）粮食规模经营

粮食规模经营与粮食经营规模两者也有着显著的差别，粮食规模经营可以理解为粮食经营规模一种特定的形式，包含在粮食经营规模之中。在粮食生产中，土地既是投入要素，又是生产资料，因此粮食规模经营可以定义为在粮食生产中，生产资料的适度规模化使用（屈小博，2008）。

（六）粮食主产区

粮食主产区的划分是我国保证粮食安全的一个重要依据。在粮食主产区，一般自然条件（包括气候条件、地域、土地肥力）和技术与基础设施等都相对较适合作物的生长，粮食种植的比例相对较高、粮食的产量也相对较大是主产区特点，主产区农户生产的粮食不仅可以满足自身消费需求，而且还可以作为商品在市场上进行交易（顾莉丽等，2011）。

（七）生产成本和现金收益

本书中生产成本的计算参照《全国农产品成本收益资料汇编》（以下简称《汇编》）中的方法，主要是指农户在农业的直接生产中投入实物或者现金等以及劳动力用于生产该种农产品而产生成本，生产成本中没有包括土地要素的价格，反映的是除了土地以外的其他资源和要素的消耗。其计算公式如下：

$$C_{每亩生产成本} = C_{每亩物质与服务费用} + C_{每亩人工成本}$$

现金收益是指农产品的产值减去支出，其中支出包括两部分：一是生产该产品而花费的现金；二是消耗实物的金额。其计算公式如下：

$$C_{现金收益} = C_{产值合计} - C_{现金成本}$$

现金收益能反映生产者的实际所得收入，根据《汇编》的标准进行计算。

二、研究区域和品种

本书主要研究的是河北农业，河北地处华北平原，同时横跨内蒙古高原，紧邻渤海，将北京包围在其中且与天津接壤。地理位置上，河北的西北和东南地区地势呈现一定的角度，西北部地区则主要是凹凸不平的山地，在山地之间贯穿着盆地，中部和东南部土地较肥沃且是平原地势。从气候看，河北春夏秋冬分明，属于温带大陆性季风气候，1 月的平均气温在 -2 ~ 2℃，7 月则在 18 ~ 27℃，年平均降水量为 350 ~ 750 毫米，该地区年日照数在 2500 ~ 3100 小时，适宜粮食的生长（李卫静等，2009）。

河北的土壤品质较好，能够较好地保持水分和肥力且具有较好的通透性，适合农业生产。土壤的品质优良使得河北自古以来就是传统的农耕文化民族区域（贾银锁，2008）。

河北水资源短缺，这也是制约河北农业发展的一大瓶颈。河北的水资源储量远低于全国的平均水平（全国人均水占有量为 2100 立方米左右）（孟建等，2010）。更低于国际上的水资源衡量标准，根据国际标准，河北处于严重的水资源匮乏状态（孟霄等，2008；王学等，2013；丁疆辉等，2001）。

河北在我国粮食生产中占有重要地位，是我国重要的粮油产区之一，河北可利用耕地多达 600 多万公顷，居全国第四位，河北种植的农作物品种较多，粮食作物主要有小麦、玉米、大豆、花生等。玉米是河北第二大粮食作物，2005 年河北玉米的耕种面积首次超过了小麦（种植业价格信息网数据整理），河北的自然环境和气候条件适于玉米的生长，玉米的种植遍及全省，河北玉米的播种类型主要是春播和夏播两大类，夏播玉米主要分布在河北的南部，而春播玉米则分布在河北的北部地区，基本上包括早熟、中早熟、中熟以及中晚熟类型。河北玉米的产量维持在 1100 万吨左右/年，为河北乃至全国的玉米产量和粮食安全做出了重要贡献（孟建等，2010）。

河北玉米的种植大多采用单作、间作和套作的形式，包括粮粮间作套种模式和粮菜间套模式。粮粮间作套种模式主要是冬小麦和夏玉米以及大豆之间的间作套种，粮菜间套模式则是冬小麦、夏玉米以及蔬菜之间的间套种模式，该地区的玉米大多是一年一季（贾银锁，2008）。

对河北玉米进行研究具有一定的现实和理论意义，首先，玉米虽然是粮食作物，但是玉米却是一种“多功能”的作物，既可以作为口粮，又是饲料的主要成分，同时还是很多工业用品的主要原料，如工业用酒精等都是利用玉米加工而成。因此玉米的生产既关系粮食安全，又关系农业产品和工业产品的价格稳定，尤其是近年随着工业用玉米和饲料用玉米的增加，玉米的供需严重不平衡，提高我国国内玉米的生产潜力刻不容缓。其次，河北作为华北平原的重要部分，其玉米的产量具有重要地位，同时对河北进行研究具有一定的地区代表性（见图2－1），能反映出华北地区玉米种植农户的特征，与东北的家庭农场和规模化的种植模式不同，河北的玉米农户的经营规模相对较少，而我国玉米的经营规模大部分都是家庭式的小规模种植，因此研究河北的农户，对于分析我国平均的玉米种植农户特征也具有一定的代表性。

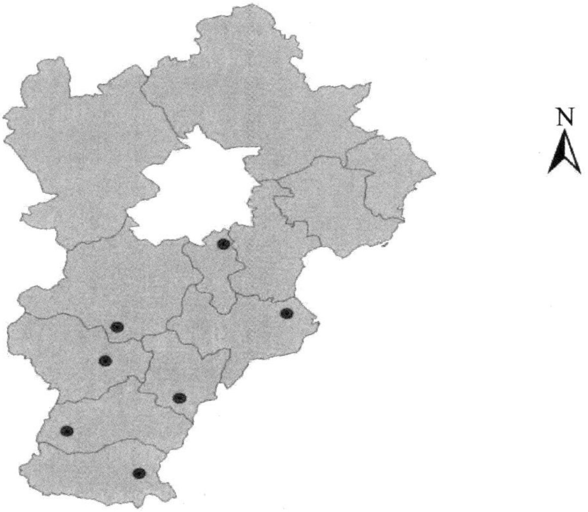

图2－1　研究区域及样本村分布

注：其中的黑色圆点代表的是调研村的分布位置。

三、研究对象——家庭农户

家庭农户是粮食生产的经营主体。家庭农户通常是指以家庭为单位，以家庭联产责任承包制获得的土地为基础进行农业生产的农户。相比于农业企业、大规模农场以及农业合作社组织等新型经营主体，家庭农户的规模相对较小，但是家庭农户却是我国农业生产的最主要的经营主体，据统计，在我国95%以上的土地是以家庭农户的方式从事农业生产，在世界范围内，80%的土地是以家庭农户的方式经营的。家庭农户生产方式对保障粮食产量和确保粮食安全做出了巨大的贡献，这种贡献程度远远大于农业企业和大规模农场。

本书的研究对象是家庭农户，主要是因为家庭农户对我国粮食生产起到不可替代的作用，是粮食生产的主力军，对消除贫困和维护社会的和谐稳定都具有重要意义（IFAD，2014）①，2014 年国际农业发展基金（IFAD）将 2014 年作为"家庭农户年"（International Year of Family Farming），以期引起世界范围内对家庭农户在保障粮食生产和农民利益上的重视，并且强调了家庭农户的生产方式在发展可持续农业中的重要性。对家庭农户的研究，把握家庭农户的行为选择和特征，对于挖掘粮食生产潜力，进一步鼓励农户种植的积极性，有针对性地制定政策方针都有一定的参考意义和价值。鉴于数据的不可获取性，本书没有考虑农业企业、家庭农场和农业合作社组织等新型经营主体的农户经营行为。

① 对家庭农户重要性的研究，详见 IFAD 的研究报告，http：//www.ifad.org/events/iyff/.

四、数据来源及说明

本书使用的河北农户数据主要来自农业部固定观察点，即为 2003 ~ 2010 年河北 7 个市（或县）的 519 个农户的混合数据，总样本数为 4152 个。样本数据分布范围包括河北的 4 个玉米种植带，主要分布在河北的东部和西南部地区。其中，廊坊市的样本量最多（麻吉亮等，2012）。

固定观察点主要设立在农业部的农村经济研究中心，这种统计制度是由国家统计局在 1990 年正式批准的，固定观察点的数据样本量大，且调查具有连续性，目前有 23000 户农户是固定观察点持续调查的对象，遍布全国 31 个省份（不包括港澳台地区），涉及 360 多个行政村①。固定观察点的设立能够帮助我们更好地了解我国农村改革的局面以及各项建设的进展，能够对我国农业的情况进行连续性的综合研究，是政府制定相关农业政策的主要依据。该数据的样本具有持续性、涉及范围广等特征，也是学术界了解我国农业、农村和农民的最重要数据。

固定观察点的数据大体分为两种类型：一是常规的调查数据，主要是以每年为单位，在年底按照统一的统计标准收集样本村、户的各项数据；二是专题调查数据，主要是针对农村中的难点、热点等问题进行的调查，例如，近年固定观察点对大规模农场等新型经营主体的专题调研以及对生猪规模化养殖的调研等。

农业部固定观察点的数据涉及农户的各个方面，既包括农户的基本特征、农户的土地情况，又包括农户的生产情况和消费情况，还包括农户的全年收支以及居住情况等。本书研究中主要涉及的指标包括农户的基本特征、土地情况、生产情况、生产资料的购买量以及替代要素的投入等因素。

---

① 固定观察点的介绍参见 http：//www. moa. gov. cn/sydw/ncjjzx/gcdgzdt/gzdtg/201302/t20130225_3225848. htm.

在农业经济方面的学术研究中，很多有影响力的研究成果都是运用固定观察点的数据得出来的，例如，林毅夫的学术著作《再论制度、技术与中国农业发展》中的结论就是运用固定观察点的数据得出来的；政府的很多相关政策的制定和评估也都参考了固定观察点中农户的微观数据。由于该数据具有信息量大、时间长、范围广等特点，基于该数据的学术研究以及得出的政策建议更有效、更可信。

第三章　农户粮食经营规模演变及国外经验

改革开放以来，随着经济的快速发展，我国粮食经营规模也在不断地演变，本章将从现状和演变的角度，分省分析我国粮食经营规模的格局，还进一步分析了小麦、玉米以及水稻等主要粮食作物的格局演变，使用的主要是省际层面的全国公开数据。由于省际数据有一定的局限性，很难反映农户层面的经营规模的演变特征，因此本章还分析了河北玉米农户层面的玉米经营规模的演变。粮食经营规模的演变总是伴随着我国粮食相关政策的改革和发展，粮食政策和粮食经营规模相关政策对粮食经营规模的演变起到了重要的作用，所以在本章第一部分，重点分析了我国粮食政策和粮食经营规模相关政策的演变；玉米作为一种多功能的粮食作物，既可以用作食物和饲料，又可以用于广泛的工业生产，玉米和市场及贸易的关系非常紧密。了解玉米的市场和贸易情况对于把握我国玉米经营规模演变很重要，所以本章的第三部分主要分析的是我国玉米的市场和贸易情况。本章的第五部分主要分析的是国外在经营规模发展和模式方面的经验，分析亚洲国家尤其是日本和韩国在经营规模方面的模式、经验和不足，以期为我国农户经营规模发展提供一定的启示。第六部分是本章的小结。

一、我国农户粮食经营规模演变及现状

基于国家统计局的数据，本节计算了我国户均粮食的经营规模，从时间和空间两个维度分析了我国粮食经营规模的现状和演变，时间跨度为 1978 ~ 2012 年。本节具体分析了玉米、小麦和水稻的全国户均经营规模①，同时还进行了不同省份不同品种的经营规模的对比。

（一）全国特征

通过对全国户均经营规模分析以及省际的对比发现我国粮食经营规模呈现一定的特征，具体如下：

1. 全国层面，户均粮食经营规模呈整体下降而近期小幅增长趋势

从图 3 – 1 可以看出，我国粮食经营规模在 1978 ~ 2003 年呈现急剧下降的趋势，由 1978 年的 13.83 亩下降到 2003 年的 7.92 亩，降幅达 43%。2004 ~ 2012 年，户均粮食经营规模小幅度上升，上升幅度仅有 2.5%，由 2004 年的 8.01 亩上升到 2012 年的 8.21 亩。

2. 小麦和水稻的户均经营规模也呈整体下降近期小幅上涨趋势，2000 年之后，水稻经营规模超过小麦

从图 3 – 1 可知，小麦和水稻的经营规模在 1978 ~ 2000 年一直呈现下降的趋势，其中小麦的经营规模下降幅度更大，其经营规模从 1978 年的 3.81 亩下降到 2000 年的 2.10 亩，水稻的经营规模则从 1978 年的 3.0 亩下降到 2000 年的 2.12 亩。2000 年之后，两者的经营规模都有了小幅度的上升，但是增长幅度有限。

① 本书研究的经营规模主要是指户均的经营规模。没有特别说明，书中提到的经营规模都是指户均的经营规模，户均经营规模和人均经营规模不同。

2000年水稻的平均经营规模首次超过小麦，2012年水稻经营规模为1.92亩，而小麦的经营规模仅有1.52亩。

3. 玉米的户均经营规模整体呈增长趋势，2001年后增幅明显加速且超过了小麦和水稻的经营规模

从图3-1可以看出，与粮食经营规模、水稻以及小麦的经营规模增长趋势不同，玉米的经营规模在1978~2012年呈现的是整体增长的趋势，从1978年的2.42亩增加到了2012年的2.90亩，2001年之后的增幅最明显，2012年的玉米全国户均经营规模远高于其他品种（水稻经营规模为1.92亩，小麦经营规模仅有1.52亩）。

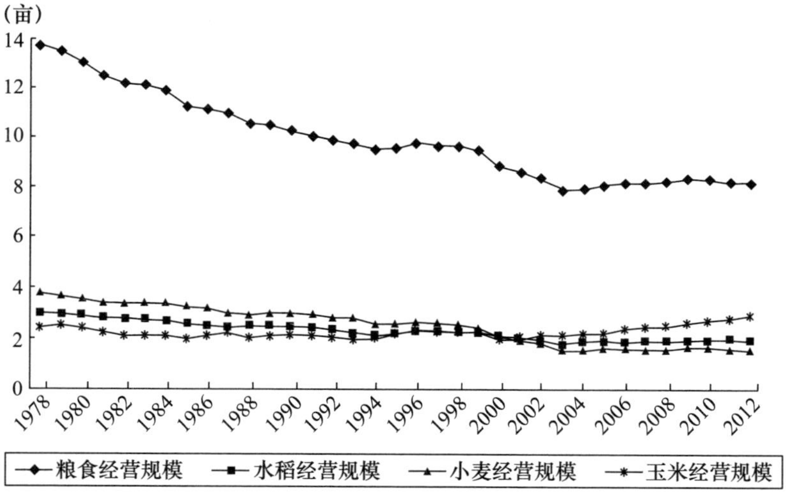

图3-1 户均的不同粮食作物的经营规模

注：选择水稻、小麦和玉米作为主要粮食作物的代表；粮食单产和其他作物的经营规模的计算是用某省份当年所有的种植面积除以该省份当年的总农村家庭数。

资料来源：各省农村家庭人口数源于国家统计局分省数据库（1978~2012年）；不同省份的不同粮食种植面积源于农业部种植业信息网。

（二）省级特征

从省级层面，本部分进一步分析了粮食主产省①的粮食、玉米、水稻以及小麦的经营规模，从表 3－1 中可以看出，不同省份的经营规模也呈现一定的特点，具体如下：

表 3－1 主产省不同粮食作物的户均经营规模

单位：亩

地区	主产省粮食的户均经营规模					主产省玉米的户均经营规模				
	2012 年	2005 年	2000 年	1995 年	1978 年	2012 年	2005 年	2000 年	1995 年	1978 年
黑龙江	38.097	29.777	29.137	30.217	33.697	17.167	7.647	6.687	9.717	8.797
吉林	18.646	19.036	17.616	17.436	21.946	13.286	12.306	10.106	11.426	9.366
内蒙古	24.255	21.165	21.615	20.465	23.175	12.295	8.745	6.325	4.905	0.645
辽宁	7.604	7.464	7.154	8.174	12.684	5.214	4.384	3.564	4.094	4.634
山东	5.669	5.569	6.189	7.009	10.029	2.379	2.269	2.039	2.329	2.439
河北	6.910	7.320	8.270	8.370	12.980	3.340	3.140	2.960	2.810	3.650
河南	8.221	7.681	7.781	7.961	11.721	2.551	2.111	1.901	1.771	2.161
江苏	6.281	5.241	6.031	6.451	8.691	0.491	0.401	0.481	0.521	0.611
安徽	7.783	8.103	8.123	8.003	11.533	0.973	0.853	0.643	0.753	0.433
湖北	6.636	6.576	7.186	8.096	11.796	0.946	0.656	0.736	0.676	0.866
湖南	5.244	5.514	5.924	6.094	9.384	0.374	0.324	0.334	0.164	0.234
四川	5.319	5.649	5.959	6.419	8.939	1.139	1.039	1.079	1.119	1.379
江西	7.030	7.360	7.620	8.450	12.470	0.050	0.040	0.060	0.100	0.030
平均	11.361	10.491	10.661	11.011	14.541	4.631	3.371	2.831	3.101	2.711
地区	主产省小麦的户均经营规模					主产省水稻的户均经营规模				
	2012 年	2005 年	2000 年	1995 年	1978 年	2012 年	2005 年	2000 年	1995 年	1978 年
黑龙江	0.696	0.866	2.196	4.506	8.626	10.156	5.686	5.966	3.366	0.996
吉林	0.017	0.047	0.367	0.397	1.087	2.847	2.907	2.697	2.097	1.407
内蒙古	2.641	2.231	3.011	5.021	8.801	0.391	0.411	0.581	0.391	0.081
辽宁	0.023	0.053	0.293	0.463	0.403	1.563	1.393	1.223	1.273	1.183

① 根据农业部的划分标准，粮食主产省包括辽宁、河北、山东、吉林、内蒙古、江西、湖南、四川、河南、湖北、江苏、安徽、黑龙江 13 个省（自治区），粮食主产省划分被学者广泛应用到学术研究中。

续表

地区	主产省小麦的户均经营规模					主产省水稻的户均经营规模				
	2012 年	2005 年	2000 年	1995 年	1978 年	2012 年	2005 年	2000 年	1995 年	1978 年
山东	2.860	2.730	3.150	3.460	4.240	0.110	0.110	0.160	0.110	0.190
河北	2.648	2.798	3.208	3.068	4.978	0.098	0.108	0.178	0.168	0.188
河南	4.392	4.162	4.242	4.352	4.952	0.532	0.432	0.402	0.412	0.552
江苏	2.516	1.806	2.226	2.416	1.956	2.656	2.366	2.506	2.526	3.676
安徽	2.845	2.665	2.795	2.725	3.245	2.605	2.715	2.945	2.955	4.195
湖北	1.697	1.207	1.467	2.007	2.397	3.207	3.477	3.457	4.087	6.157
湖南	0.045	0.075	0.145	0.205	0.505	4.375	4.325	4.595	4.865	7.295
四川	1.014	1.084	1.394	1.504	1.784	0.194	0.244	0.544	0.734	0.804
江西	0.023	0.033	0.123	0.143	0.403	6.363	6.693	6.493	7.263	11.033
平均	1.648	1.528	1.898	2.328	3.338	2.708	2.378	2.448	2.328	2.908

注：选择水稻、小麦和玉米作为主要粮食作物的代表；粮食单产和其他作物的经营规模的计算是用某省份当年所有的种植面积除以该省份当年的总农村家庭数。

资料来源：各省农村家庭人口数源于国家统计局分省数据库（1978～2012 年）；不同省份的不同粮食种植面积源于农业部种植业信息网。

1. 在粮食主产省中，黑龙江粮食经营规模最大，内蒙古和吉林次之，主产省粮食平均经营规模 2012 年为 11.36 亩，高于全国的平均水平

湖南省的粮食经营规模最小，2012 年为 5.24 亩；山东、河北、四川等地的粮食经营规模在 1978～2012 年呈现明显下降的趋势。黑龙江和内蒙古的粮食经营规模呈现显著提高的趋势。这主要与不同省份的经济发展水平和对农业的重视程度有关。

2. 不同省份的玉米经营规模也存在较大差异

从表 3－1 中可以看出，黑龙江、吉林、内蒙古以及辽宁的玉米经营规模较高，而主产省平均的玉米经营规模 2012 年为 4.63 亩。很多省份的玉米经营规模都呈现递增的趋势，包括黑龙江、吉林、内蒙古、辽宁以及河北等省（自治区）。主产省的平均玉米规模也呈现递增趋势，从 1978 年的 2.71 亩增加到 2012 年的 4.63 亩。玉米经营规模的增加主要与玉米价格、玉米的抗旱性以及劳动投入有关。

3. 主产省小麦的户均经营规模最小且减少幅度最大

从表 3－1 可知，1978～2012 年，小麦的经营规模从 3.34 亩减少到 1.64 亩，

经营规模减少幅度超过50%。河南小麦的经营规模最高，但2012年仅有4.39亩，其次是山东和安徽的小麦经营规模，2012年分别为2.86亩和2.84亩；从演变趋势看，河南、安徽、山东以及河北等的经营规模都在不断地递减。

4. 主产省中水稻的户均经营规模也存在很大差异

黑龙江水稻的经营规模最大，2012年为10.16亩；其次是江西的户均经营规模，2012年为6.36亩；排第三位的省份是湖南，2012年的经营规模是4.37亩；水稻的主产区平均的经营规模2012年为2.71亩，且从1978年到2012年经营规模的变化不大。

二、河北玉米农户经营规模演变

本节将分析河北玉米农户的经营规模演变，河北玉米农户的经营规模虽然不具有全国层面的粮食经营规模特征的代表性，但是河北玉米在粮食生产中具有一定的典型性。对于河北玉米农户经营规模的分析，为进一步分析全国农户粮食经营规模提供一定的思路和借鉴，但也是本书存在的一个局限性。

河北玉米经营规模的现状和演变能更好地反映河北玉米种植的特征和趋势，是分析河北玉米经营规模变动驱动力的前提和基础，本节将从河北经营规模的现状以及地区间的差异两个角度入手。

河北玉米户均平均经营规模递增。从图3-2可以看出，河北玉米的经营规模呈现递增的态势，从2004年的0.98亩增长到2010年的1.26亩。2003~2008年玉米的种植面积平稳增长，而2008年之后农户的玉米平均经营规模有了显著的增长，2010年农户的玉米经营规模最高。玉米经营规模的扩大说明农户种植玉米的积极性在提高，这可能与国家的相关农业政策以及玉米的市场价格等因素相关。

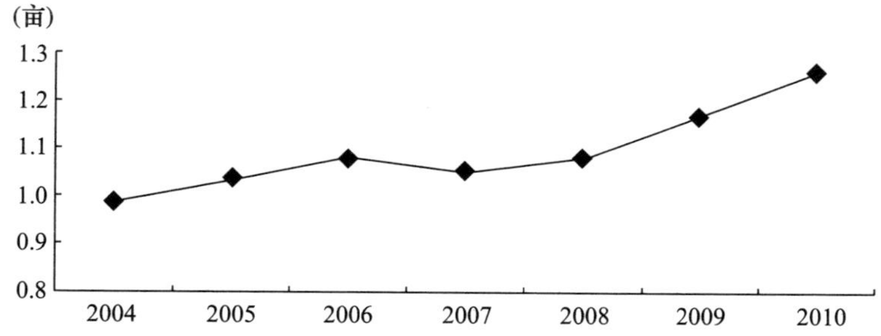

图3-2　河北户均玉米经营规模

除了计算户均玉米经营规模，本节还进一步计算了人均玉米经营规模（见图3-3）。人均玉米经营规模和户均玉米经营规模呈现类似的增长趋势，说明在2003~2010年，玉米人均玉米经营规模也得到了显著增长，我国实行的是家庭联产责任承包制，虽然限制了农户所拥有的耕地面积的数量，但是农户却能够在既定的播种面积上选择对特定作物的种植，因此，人均玉米经营规模的增加主要来自农户玉米种植积极性的提高。2004年人均玉米经营规模为3.61亩，而到了2010年，人均玉米经营规模达到4.48亩。

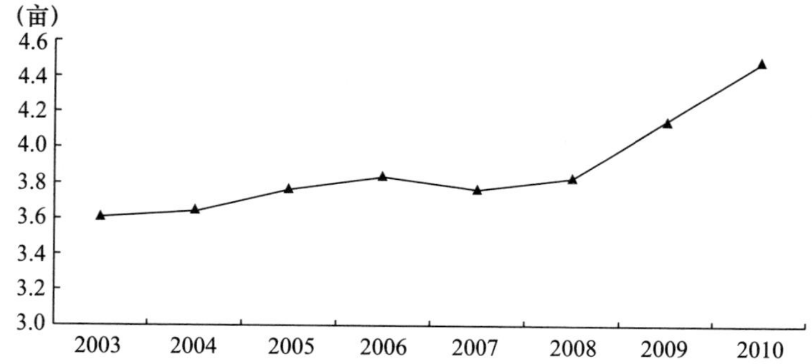

图3-3　河北人均玉米的经营规模

从不同地区看，河北不同地区经营规模差异化显著。图3-4呈现了河北10个地区（村）的平均玉米经营规模，不同地区（村）之间的玉米经营规模差异很大。例如，地区 2 的经营规模只有 0.97 亩，而地区 3 的平均经营规模达到 6.27 亩，其次是地区 5 的平均经营规模为 5.84 亩。大部分地区的经营规模集中在 2 ~4 亩。

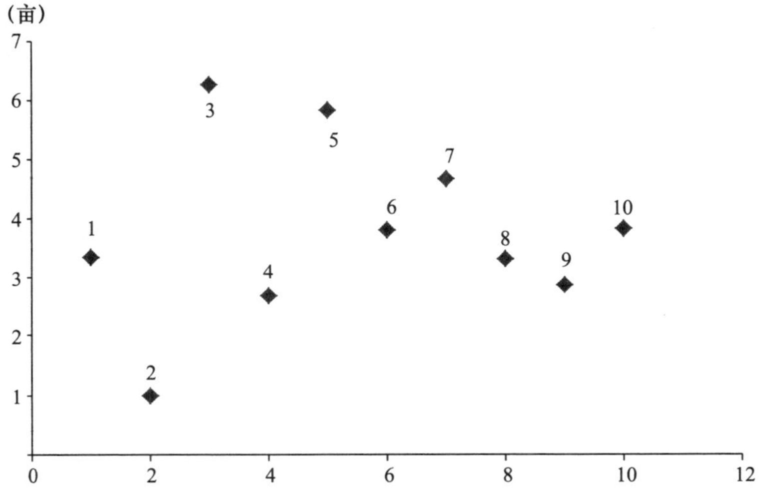

图 3 -4　河北不同地区农户的平均玉米种植面积

注：图中的 1 ~10 分别代表调研村的代码。

与其他省（自治区）农户平均规模相比，河北玉米的户均经营规模排名第八，从平均水平看，2000 ~2010 年，户均经营规模最大的省份是黑龙江，为 13.28 亩，其次是吉林，为 13.06 亩，比河北玉米经营规模大的地区还包括内蒙古、辽宁、山西、宁夏等。表 3 -2 列出了 2010 年、2007 年和 2003 年相应省份的平均户均玉米经营规模，从表中数据可知，黑龙江、山西两省的经营规模呈现递增的趋势，与河北玉米规模的趋势相似，尤其是黑龙江地区，其玉米经营规模在 2003 ~2010 年增加了将近 10 亩，从 2003 年的 12.83 亩增加到了 2010 年的 22.11 亩。剩余的大部分省份则呈现出在 2003 ~2007 年经营规模递增，之后到 2010 年规模递减的趋势。

表 3-2　不同省份玉米户均经营规模的比较

单位：亩

地区	平均	2010 年	2007 年	2003 年
河北	3.762	4.692	3.752	3.642
黑龙江	13.278	22.108	18.818	12.828
吉林	13.058	15.868	16.418	13.448
内蒙古	7.975	6.785	9.905	8.465
辽宁	5.564	7.254	7.624	5.354
北京	4.111	7.621	6.391	8.681
山西	4.028	5.608	5.308	3.458
宁夏	3.926	4.346	4.866	3.736
新疆	3.585	5.425	4.775	4.785
天津	3.384	4.924	3.984	3.434
山东	3.162	3.082	3.522	3.282
陕西	3.046	4.046	1.066	2.936
河南	2.631	2.801	2.951	2.811
广西	2.542	1.362	3.992	3.192
甘肃	2.340	2.610	3.720	2.740

注：不同省份的规模是基于固定观察点的农户数据计算获得的。

三、玉米的市场和贸易情况分析

（一）我国玉米消费情况分析

1960～2015 年，国内玉米消费量呈现指数增长趋势。从图 3-5 可知，玉米的消费量呈现指数增长，消费量从 1960 年的 1640 万吨增长到了 2015 年的 2.2 亿吨，玉米国内消费量共增加了 13.4 倍，增速平均为 5%；2004 年之后玉米消费量的逐年增加幅度明显加快，其中 2009 年玉米消费量较上一年增加 9%。

饲料用玉米消费是我国玉米总消费量增加的最主要驱动力。从图 3-5 可知，饲料用玉米消费量也呈现指数增长的趋势，而且增长的态势和玉米总消费量增长态势基本一致。2000 年以后，饲料用玉米消费量占玉米总消费量的 70% 左右，而食物、种子和工业用玉米消费量仅占玉米总消费量的 30% 左右；饲料用玉米消费量增长幅度非常大，而食物、种子和工业用玉米消费量的逐年增长幅度很小，且消费量相对较平稳。

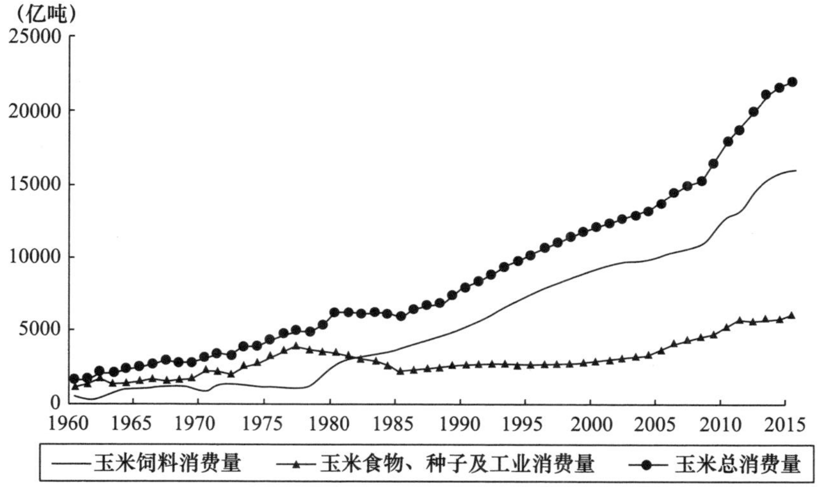

图 3-5 我国玉米的消费量

资料来源：美国农业部外国农业服务数据库（USDA，FAS，2014）。

从我国玉米消费量占世界玉米总消费量比重看，2015 年我国玉米总消费量占世界玉米总消费量的 22.26%，我国饲料用玉米消费量占世界饲料用总消费量的 26.22%，而食物、种子和工业用玉米消费量占世界食物、种子和工业总消费量的 15.88%。我国玉米总消费量占世界总消费量的比重在不断上升，从 1960 年的 8.44% 上升到 2015 年的 22.26%；饲料用玉米消费量占世界饲料总消费量的比例从 1960 年的 3.42% 上升到 2015 年的 26.22%。而食物、种子和工业用玉米消费量的比例自 2000 年以后基本维持在 15% 左右，相对较平稳。饲料用玉米消费量和玉米总消费量的不断提高以及占世界玉米总消费量比例的升高说明提高玉米的国内生产能力刻不容缓。

表3-3 中国玉米消费量占世界玉米总消费量的比重

单位:%

年份	饲料用消费量	食物、种子和工业消费量	总消费量
1960	3.420	18.926	8.439
1970	4.706	23.338	11.369
1980	9.706	26.166	15.006
1990	16.748	17.093	16.861
1991	16.897	16.688	16.830
1995	20.532	15.741	19.033
2000	21.527	15.545	19.743
2001	21.541	15.635	19.775
2002	22.152	15.402	20.064
2003	21.760	15.419	19.772
2004	20.591	15.514	19.023
2005	21.090	15.741	19.361
2006	21.689	16.564	19.944
2007	21.235	15.967	19.361
2008	22.429	14.943	19.549
2009	24.046	14.304	20.139
2010	25.493	14.812	21.098
2011	25.864	15.821	21.689
2015	26.216	15.876	22.261

资料来源：美国农业部外国农业服务数据库（USDA，FAS，2014）。

（二）我国玉米市场价格分析

图3-6是2004年6月到2014年6月我国月度集贸市场的玉米价格指数，其价格指数呈现整体平稳上涨的趋势。本书以2004年6月的玉米价格为基期（100），2015年3月玉米的价格指数增长到171.17，价格增幅为71.17%，其中，2014年8月玉米的价格指数达到最大值，为183.73。玉米价格指数的月度平均增长率为0.4%，其中2009年初到2011年初的增长率最高，说明该阶段价格的

增幅最大。相比于玉米需求量的增幅，价格的增幅相对较少，而且价格也较平稳，说明我国玉米的市场价格波动较小。玉米价格波动较小与我国农业政策和产量的提高有很大关系（武拉平，2000），玉米价格的稳步提升能提高农户玉米种植的积极性（王天穷等，2014）。

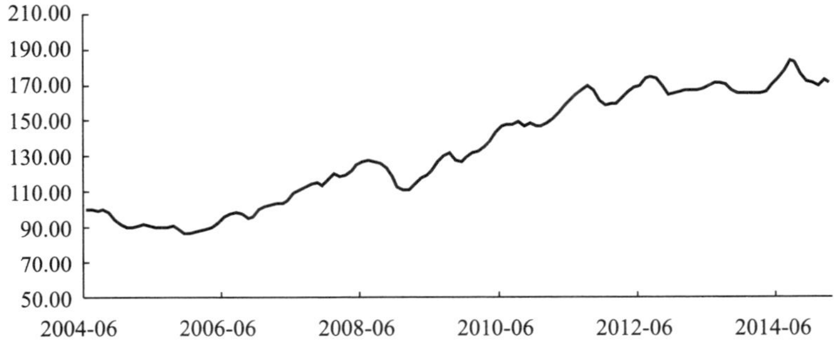

图 3－6　玉米月度集贸市场价格指数（2004 年 6 月＝100）

资料来源：国家统计局月度数据库（2015）。

（三）我国玉米的贸易情况分析

我国玉米进口量较少，1960～2015 年的平均进口量只有 77 万吨，在 2008 年之前，只有 7 年的玉米进口量超过了 100 万吨，2008 年之后，玉米的进口量有了显著的增加，其中 2011 年玉米进口量达到了 523.10 万吨；从 2011 年之后，我国玉米的进口量维持在 300 万吨左右（见图 3－7）。虽然玉米进口量有了一定的增加，但是进口玉米占世界玉米贸易的份额仍然很小，2014 年我国进口的玉米仅占世界玉米总进口量的 2.5%。进一步说明了我国玉米消费主要来自国内生产的玉米，因此研究玉米的生产，提高玉米的生产潜力，对满足我国玉米的巨大需求有一定的意义。

2009～2015 年，从进口价格角度看，我国玉米进口的到岸完税价格呈现先增加后降低的趋势。从 2009 年 1 月到 2011 年中旬，进口的玉米完税价格整体呈现上升的趋势，价格从 2009 年 1 月 4 日的每吨 1722 元，增长到 2011 年 6 月 14 日

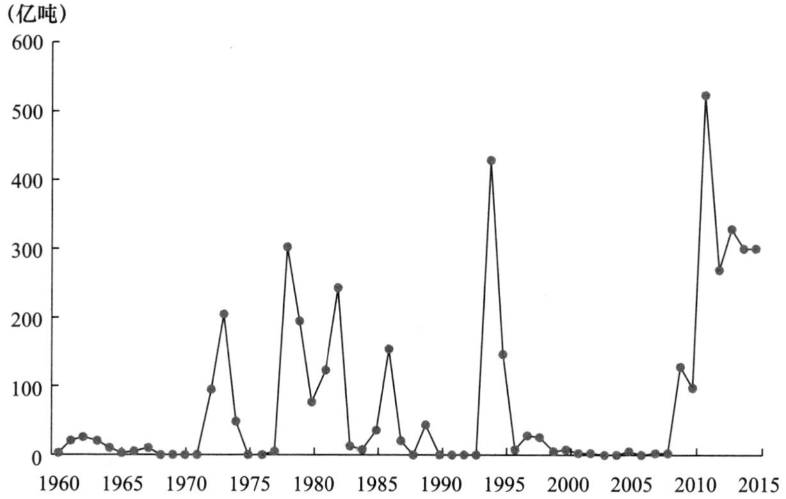

图 3-7　1960～2015 年我国玉米进口量

资料来源：国家统计局月度数据库（2015）。

的每吨 3012.48 元。随后，玉米的进口到岸完税价格呈现波动下降的趋势，2015 年 1 月 4 日玉米的每吨到岸完税价格仅为 1500.52 元（见图 3-8）。进口玉米价格的降低使我国玉米的竞争力下降，因此，从生产的角度研究如何降低玉米的生产成本，提高玉米的收益率很有必要。

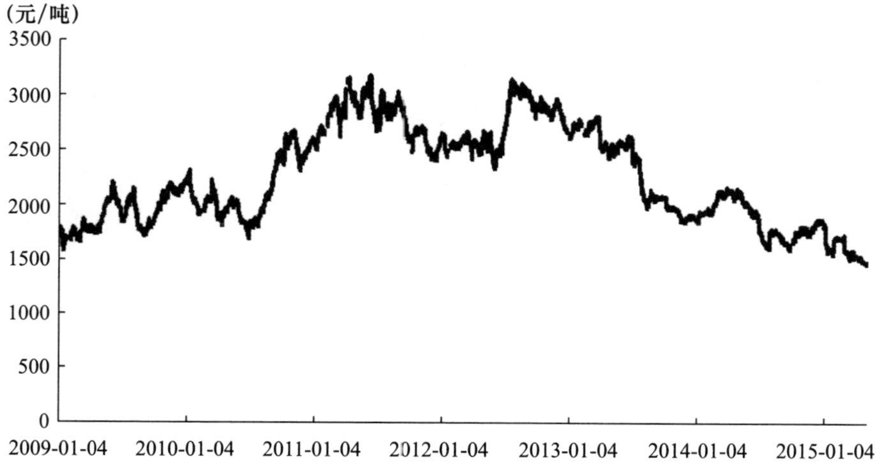

图 3-8　玉米进口到岸完税价（每日）

资料来源：Wind 资讯。

四、粮食经营规模政策的演变

中国的粮食政策是随着我国经济的发展和农业政策的演变不断地进化和改进的，中国粮食政策的调整是对不同阶段经济和农业发展的适应，也能反映出我国政府对农业部门部署和规划的方向。在政府发布的文件中，“一号文件”成为我国政府部署农村改革和农业发展的重要文件，现已成为政府重视农村问题的特定名词。在改革开放初期，我国政府从 1982 ~ 1986 年连续 5 年发布了中央“一号文件”，且这些文件都是以农业、农村、农民为主题，证明我国经济发展初期，我国政府对“三农”问题的重视。2004 ~ 2015 年，我国连续 12 年发布了中央“一号文件”。“一号文件”对于如何提高农民收入和福利、如何确保粮食安全、如何保证农业可持续发展等内容做了进一步的具体阐述和规划。

本节将通过整理归纳 1953 年之后的农业相关文件以及 1982 ~ 1986 年、2004 ~ 2014年的“一号文件”，分析我国农业政策的演变和走向以及与粮食经营规模相关政策的变革和规划，为进一步研究河北玉米经营规模选择的驱动力和效率做铺垫，也为我国相关经营规模的政策制定和完善提供一定的借鉴和参考。

（一）中国农业政策的演变

从 1953 年至今，我国政策大体可以分为六个阶段，分别是统购统销政策阶段、合同制改革政策阶段、农产品价格改革阶段、“三项政策”[①] 改革阶段、市场化政策改革阶段和“多予、少取、放活”农业政策阶段（见图 3 – 9）。

第一阶段：统购统销政策阶段。1953 年，《关于实行粮食的计划收购与计划供应的决议》的颁布代表着我国统购统销政策阶段的开始。该政策借助政府的力

① 按保护价敞开收购农民余粮；粮食顺价销售制度；加强粮食收购资金和粮食市场管理。

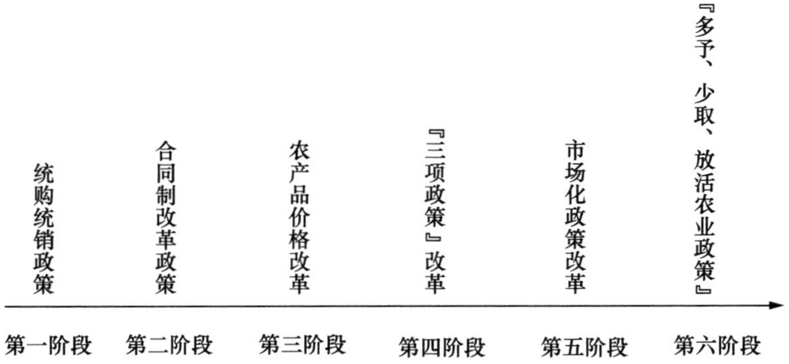

图 3-9 粮食政策的演变

量鼓励农民将粮食销售给国家，但是农民自留的粮食品种和数量需由国家批准，在该阶段，粮食市场被严格控制，粮食不能自由买卖。统购统销政策从 1953～1982 年共施行了 30 年，这一政策取消了农业产品市场的自由化，在我国成立初期，对稳定粮食价格和保证粮食供给具有重要意义。但是随着农业经济的发展，该政策变得僵化、死板，之后该政策被家庭联产承包责任制所替代。

第二阶段：合同制改革政策阶段。1983～1985 年是合同制改革政策阶段。合同制改革政策主要是指家庭联产承包责任制，是我国农村土地制度的重大变革。1982 年 1 月 1 日，中央批转的《全国农村工作会议纪要》标志着该阶段的开始，该文件指出农村实行包括联产到劳，包产到户、组，包干到户、组等各种责任制。家庭联产承包责任制的推行确保了个人付出和收入的挂钩，大大提高了农民的生产积极性，解放了劳动生产力。家庭联产承包责任制也有一定的缺点，如经营规模过小、土地过度细碎化、限制农民处置土地的自由、基础设施难以建设等。

第三阶段：农产品价格改革阶段。1986～1997 年，是我国处于农产品价格改革和探索阶段。包括在体制内和体制外实施两种价格体制的价格“双轨制”时期（1986～1991 年）、价格自由化改革时期（1992～1994 年）以及后“双轨制”时期(1995～1997 年)。农产品价格改革增加了政府的财政负担，同时政策的预期收益很难测算和估计。

第四阶段：“三项政策”改革阶段。“三项政策”改革时期是 1998 ~ 2001 年，该阶段包括“三项政策”和“一项改革”。“三项政策”包括按保护价来收购农民的剩余粮食，粮食按照顺价进行销售的制度并增加粮食收购的资金和加强粮食市场管理。“一项改革”是指推进粮食购销企业自身的改革。该阶段盘活了粮食市场，进一步调动了农民种植粮食的积极性，但该改革政策也增加了财政补贴的负担。

第五阶段：市场化政策改革阶段。该阶段是从 2001 ~ 2004 年，在粮食部门和市场垄断的背景下，我国进行了市场化政策改革，市场化政策改革使得财政补贴的压力得到一定的缓解，并在一定程度上放活了粮食市场，但是市场化政策改革的力度和幅度还有待进一步的加大。粮食政策的市场化是为了增加粮食收入和确保粮食安全，同时也有利于达到价格自由化的目标。

第六阶段：“多予、少取、放活”农业政策阶段。从 2004 年至今，在农业政策方面主要采取的是“多予、少取、放活”的方针对农业政策进行调整。总结 2004 年之后的“一号文件”以及其他的农业政策文件可知，我国对于农业政策调整的速度明显加快。

“多予”政策主要是指增加粮食生产和农业基础设施等的投入。①增加粮食生产投入。近几年，政府对粮食补贴的区域和品种都在不断扩大，补贴的金额逐年增加，农业补贴的类型也不断增多。②增加农业基本设施建设的投入。农业基础设施建设的投入在不断加大，农业基础设施投入的范围也不断扩展，主要包括农村“六小工程”[①]、农村扶贫开发投入、农业综合开发以及国家优质粮食产业工程[②]等。

“少取”政策主要是指少收农民的税和少征农民土地。①少收农民的税。2006 年，我国政府在全国取消农业税。农业税的免征和农业特产税的取消大大

---

① 农村“六小工程”主要包括节水灌溉、人畜饮水、农村沼气、农村水电、乡村道路、草场围栏。这些工程的规模小、投资小，具有建设周期短、见效快，促进农民增收效益显著等特点。

② 2004 ~ 2007 年，在 13 个粮食主产省的 484 个粮食主产县（农场）建设万亩连片标准粮田 5000 万亩，新增 120 亿公斤优质粮食的生产能力。

地减轻了农民的负担，调动了农民种粮的积极性。②少征农民土地。少征农民的土地能确保耕地面积和粮食产量。

“放活”政策。①放活粮食在市场上的流通。放开主销区、主产区的粮食购销市场和价格，实行购销的市场化和经营主体的多元化。开发粮食期货市场，例如，玉米和黄大豆 2 号的期货已经上市。②放活农村金融。包括改革农村信用社的试点范围，增强农村信用社的活力。鼓励商业银行和政策性银行开发农业的金融产品和服务方式。鼓励社会资本和外资的加入，开发以“三农”服务为主的金融组织。

（二）粮食经营规模相关政策的演变

1982～1985 年：粮食经营规模呈细碎化特征。中国在 1982 年提出的“包产到户、包干到户或大包干”和 1983 年提出的“家庭联产承包责任制”理论，使得我国土地呈现出细碎化的特征，这些土地制度的提出对我国当时的粮食生产具有重要意义，“每户分到土地，每户负责种植”的模式极大地调动了农民种植的积极性，确保了我国的粮食安全和粮食产量。1984 年，政府继续强调稳定和完善“联产承包责任制”的重要性，确保了粮食生产的稳定和激发了粮食生产的积极性。

1986 年：适度经营规模被提出，但概念比较笼统。随着经济的发展，土地细碎化的缺点不断显现。1986 年，在中共中央、国务院《关于 1986 年农村工作的部署》的文件中，政府提出了发展适度经营规模的模式，但是在该文件中仅提出了发展适度规模的概念，对于如何开展适度规模，如何流转土地并未提出明确的步骤和措施。

2005 年：提出适度经营规模的前提：自愿和有偿。2005 年，在中央“一号文件”中再次阐述了适度经营规模的概念，并主要强调了要在农民自愿和有偿的前提下依法进行，对于如何具体地开展适度规模以及如何确保农民自愿和有偿，仍然没有具体步骤和措施。

2006 年：提出适度经营规模的形式和机制：多种形式和经营权流转。在 2006 年的中央“一号文件”中，提出了要建立经营权流转机制，并提出了发展多种形式的适度规模经营，使得适度规模经营的制度进一步被细化。

2007 年：提出适度经营规模的区域差异性和产业带动性。2007 年，中央“一号文件”再次强调了在有条件的地方发展连片种植的措施，并提出粮食优势产业带的建设，将大片经营作为优势产业带的一个重要因素。

2008 年：完善发展适度经营规模的合同登记制度和鼓励中介服务业务。2008 年，发展适度规模经营的措施进一步细化，提出了要加强土地流转中介服务，完善土地流转合同登记等制度，再次强调了在有条件的地方发展，并且说明了发展经营规模要因地制宜，而且提到了相互发展适度规模经营的市场环境，进一步说明了政府在引导适度规模经营的市场化，让更多主体加入到适度规模经营的发展中。2010 年进一步强化了土地立法的管理和服务，并且强调了应该健全土地流转市场。

2012 ~2013 年：再次鼓励特定区域扩大规模，提出专业大户、家庭农产、农村合作社流转概念，明确流转主体。2012 年，中央“一号文件”中强调了要鼓励条件好、增产潜力大的县乡扩大规模，2013 年首次提出了专业大户、家庭农场、农村合作社等新型经营主体，细化了土地流转的主体，使得流转和适度规模经营变得更具体，更具操作性。

2014 年：提出粮食经营规模的营销贷款试点。2014 年，中央“一号文件”提出应对粮食生产规模经营开展营销贷款试点，将粮食生产规模经营的实现进一步具体化，将金融和粮食规模经营相结合，成为开展粮食规模经营的一个新的方向和思路。

（三）粮食经营规模政策未来走向

农业政策对我国农业发展起到了巨大的促进作用，取得了较好的效果，很好地带动了农民种粮的积极性，但是未来农业政策仍然有较大的调整空间，未来农业政策调整是向稳定、完善、巩固的方向发展。

具体来看，我国未来农业政策仍然会遵守“多予、少取、放活”的原则，“多予”方面，政府会更加重视公共产品的供给，加大对农业的投入，加强农村和农业的基础设施建设，并且投入更多的资金和资源到农业技术的研发和推广中，增强农业生产的科技含量，进一步加大有效的补贴，提高农民种粮的积极性。“少取”方面政府除了取消农业税外，还会更加重视农民的土地财产权利，减少剥夺农民利益来积累城市建设资金的做法，将更多的收益和福利让给农民，让农民从粮食生产中获得更多好处。“放活”方面则会进一步取消阻碍和束缚农村发展的不合理制度和各种障碍，农民会被赋予更多的权利，土地的支配和使用更灵活，更多创新的土地使用和流转模式会被接受和推广。

基于我国农业政策未来的走向，经营规模相关政策未来走向也会更加明确，首先，“多予、少取、放活”的原则也同样适用于粮食经营规模政策，政府会增加更多的投入用于发展最优的粮食经营规模，减少土地所有者的各种费用和税收，给予农民更大的灵活性来流转土地所有权和发展适合自身条件的粮食经营规模。其次，粮食经营规模的立法、制度和模式将更加具体，粮食经营规模的立法将会更加完善，鼓励更多的企业和金融机构加入，未来粮食经营规模的模式将会变得多样化。最后，政府会加大探索适度的经营规模，更多的地区和品种将成为适度规模经营的试点和实验品种，鼓励经营规模扩大可能会成为政府未来的政策导向。

五、亚洲国家粮食经营规模的现状及启示

（一）亚洲国家粮食经营规模的现状及措施

亚洲国家主要是以小规模和家庭种植为主导的粮食经营模式，而欧美的粮食经营模式则主要是大规模的家庭农场模式。欧美国家与中国的粮食经营模式相差较大，而亚洲国家在经营规模的大小和经营模式等方面都与中国有很多相似之处。因此分析亚洲国家的粮食经营规模的现状及其演变过程对我国粮食经营规模的探索具有一定的参考和借鉴意义。

本节以巴基斯坦、印度、印度尼西亚、菲律宾以及泰国等亚洲国家为例，基于各国在19世纪70年代、19世纪90年代以及20世纪初期的农业统计数据，分析亚洲的相关各国粮食经营规模的变化趋势，并研究小规模主导的特征是否随着时间推移变得更显著。

表3－4的数据表明，亚洲农业生产组织主要是以小规模的家庭经营模式为主。在19世纪70年代，亚洲各国的经营规模较小，规模范围从印度尼西亚的1公顷到菲律宾和泰国的3～4公顷，之后，各个国家的经营规模又开始缩小。在经济高速发展的南亚国家，如泰国和印度尼西亚，粮食经营规模缩小的幅度相对较小，主要是因为非农业部门创造的就业机会缓解了人口对于有限的农业用地的压力，更多的农村劳动力从农业部门转向非农业部门，使得规模的缩小不明显。

表3－4 亚洲其他国家的粮食经营规模概况

国家	年份	平均经营规模（公顷）	播种面积的比例（%）			
			小于1公顷		大于10公顷	
			农户数	土地数	农户数	土地数
巴基斯坦	1976/1977	1.4	49.7	28.8	n. a.	n. a.
	1996	0.5	86.7	42.7	0.1	1.7
	2005	0.3	n. a.	n. a.	n. a.	n. a.
印度	1970/1971	2.3	50.6	9.0	3.9	30.9
	1990/1991	1.6	59.4	15.0	1.7	17.3
	1995/1996	1.4	61.6	17.2	1.2	14.8
	2001/2003	1.3	62.9	18.7	1.0	13.2
印度尼西亚	1973	1.0	70.4	30.0	5.9	10.3
	1993	0.9	70.8	29.8	0.2	3.4
	2003	0.8	74.8	n. a.	n. a.	n. a.
菲律宾	1971	3.6	13.6	1.9	4.9	33.9
	1991	2.1	36.6	7.3	2.4	23.3
	2002	2.0	40.1	8.3	2.0	20.5
泰国	1978	3.7	16.4	2.5	6.0	23.6
	1993	3.4	21.5	3.6	4.5	23.2
	2003	3.1	13.1	n. a.	2.1	n. a.

续表

国家	年份	平均经营规模（公顷）	播种面积的比例（%）			
			小于1公顷		大于10公顷	
			农户数	土地数	农户数	土地数
日本	1900s	1.0	70.0	n. a.	5.0	1.9
	1980s	1.2	80.0	60.0	1.0	n. a.
	1991	1.4	82.0	n. a.	n. a.	3.4
	2010	2.2	80.0	30.0	1.0	n. a.
韩国	1992	1.3	80.0	n. a.	0.1	n. a.
	2011	1.5	65.3	n. a.	n. a.	n. a.

注：n. a. 代表数据无法获取。

资料来源：巴基斯坦：《巴基斯坦人口普查报告（1977）》、《巴基斯坦土地所有权调查报告（1978）》、《巴基斯坦农业普查（1996）》；印度：《国民样本调查（1971～1972）》、《印度农业普查报告（1971～1980）》、《印度农业普查报告（1990～1991）》；印度尼西亚：《农业普查（1973）》、《农业普查（1993）》；菲律宾：《农业普查（1971）》、《农业普查（1991）》；泰国：《农业普查报告（1978）》、《农业普查（1993）》；日本、韩国的数据来源于焦必方（2000）。

除了泰国和印度尼西亚，其他亚洲国家的粮食经营规模则出现了大幅度的下降，主要是因为人口的高速增长和非农业部门发展的滞后。尤其是巴基斯坦，平均的粮食经营规模从1977年的1.4公顷缩减到2005年的0.3公顷。在表3－4中的国家，粮食经营规模超过10公顷的很少。同时还可以看出，从19世纪70年代到20世纪初期，印度和菲律宾的粮食经营规模也在大幅度的减少。

与中国相比，巴基斯坦和印度尼西亚的平均粮食经营规模与中国玉米平均经营规模非常接近（中国的玉米平均经营规模在0.3～0.4公顷），而菲律宾、泰国的经营规模却远高于中国的平均水平，但是与欧美的粮食经营规模差距仍然很大。

（二）亚洲国家粮食规模经营模式：以日韩为例

日韩两国在亚洲国家中较早地启动了农业现代化进程，与中国类似，日韩也在积极地转变农业经营模式。在工业较快发展和粮食经营规模偏小的背景下，如何选择最优的经营规模路径也是日韩两国积极探索的方向。研究日韩两国的粮食经营规模的模式和政策选择，对河北玉米生产和经营规模变革以及对我国农业政策的制定都具有一定的借鉴意义，主要表现在：一是日韩两国土地的经营规模很小，土地也呈现细碎化的特征，与中国的家庭小规模经营模式类似（郭红东，2004）。二是日韩两国都早于中国在探索适度的经营规模，而且已经制定和出台的很多政策都显现出效果，中国在制定相关政策时，有很多值得借鉴的地方，能少走些弯路。三是日韩两国都出现过大量农业劳动力向非农部门流动的情况，与中国目前的劳动力外流现象类似，日韩两国在农业劳动力外流时采取的政策措施也值得中国借鉴和参考。四是虽然日韩两国主要是以水田稻谷种植为主，而本书研究的是旱作作物——玉米，但是日韩两国与中国探索最优经营规模的本质都是一致的，即在特定的经济环境、自然环境、社会背景下达到资源的优化配置，进而提高规模经营的效率和收益。五是中国当前也面临日韩两国曾出现的农业问题，包括农业人口高龄化、农业接班人缺乏、农业副业化等特征（焦必方，2000）。因此日本和韩国两国在相关方面的经验对中国经营规模的探索有一定的借鉴意义。

1. 日本农业发展现状及模式

日本农业资源相对较贫瘠，农业生产规模较小，尤其是随着日本进入重工业经济发展阶段，城市化迅速普及，工业化快速发展，导致了大量耕地被占用，造成农户的经营规模进一步缩小。如表 3－4 所示，20 世纪初期，日本的户均粮食经营规模为 1 公顷，70 年代、80 年代和 90 年代，户均的粮食经营规模分别扩大到 1.1 公顷、1.2 公顷和 1.4 公顷，近年户均的粮食经营规模得到了进一步的扩大，到 2011 年户均的经营规模达到了 2.02 公顷。

在这些农户中，主要以兼业农户为主。兼业农户占到了所有农户比例的 70%，而专业农户的比例不及 30%。在兼业农户中也存在着较大的差异性，如从农业收入方面看，兼业农户中将农业收入作为生活主要来源的农户所占比例不到 1/5，大部分农业是以非农收入为主。

规模化的家庭经营和生产合作组织是日本规模经营的主体。日本经营规模从 20 世纪初期到现在一直呈现递增的趋势，这主要得益于日本颁布的相关扩大经营规模的政策。1992 年，日本政府颁布了新政策，主要目的是通过土地流转的方式集中土地、扩大耕地的经营规模，并且以农地法人化的方式确定土地的企业性质，明确了法人化农业经营体和家庭经营模式的区别。该政策的出台使得经营规模在 3 公顷以上的农户比例增加，据统计，2010 年，经营规模在 20 公顷以上的农户占到了所有农户的 32%。此外，该政策的出台也促进了相关农业协会和合作社经营体的发展，农业合作组织的数量也显著增加，从 2000 年的 9961 个发展到 2013 年的 14736 个，其中经营规模在 20 公顷以上的农业合作组织占一半以上，农业合作组织的平均规模为 34 公顷左右。据日本政府的预测，到 2015 年，规模化的家庭经营和生产合作组织成为日本农地规模经营的主力军。

2. 韩国农业发展现状及模式

韩国农业是小农主导的家庭农业，主要是小规模的适度经营模式。韩国是在 1949 年进行的土地改革，土地被分配给农民。1992 年，韩国户均的经营规模为 1.29 公顷，在所有农户中，有 4/5 的农户经营规模在 1.5 公顷以下。近几年，韩国农户经营规模在扩大，尤其是规模在 3 公顷以上的农户的比例有所增加，但是到 2010 年，1 公顷以下的农户仍然占一半以上，3 公顷以上的农户所占比例仍然不到 10%。

韩国的农业也与中国有相似之处，随着韩国工业化的完成，土地细碎和经济发展的矛盾日益突出，使得农业现代化进程步履维艰。韩国政府也试图通过一定的措施来改变土地细碎化的格局，如试图通过集中土地所有权的方式扩大耕地的经营规模，但是没有取得理想的效果。之后，韩国政府从土地所有权制度和土地经营管理制度两方面进行了一系列的改革，重点发展协同作业和合作经营两种土地经营模式，在一定程度上解决了土地细碎化的问题，推进了土地的规模经营。

3. 日韩两国发展规模经营的措施

日韩两国在面对各自国家经营规模的问题时都采取了相应的措施，并且都以扩大粮食经营规模为导向，取得了一定的成效，具体的措施主要集中在出台政策、加大投入、扶持相关组织等方面。

（1）出台粮食经营规模相关政策并适时进行调整。政策和立法是推动农户经营规模发展的有效工具，日韩两国都推出了多个政策措施来引导农民改变经营规模，并且会根据出台政策的缺点和不足进行后续政策的调整。例如，日本在1961年出台的《农业基本法》，用于引导农民改变经营规模；在1962年，政府又进一步出台了《土地法》；根据政府的预期和相关法律政策所产生的效果，1970年日本政府进一步对《农地法》进行了修改；为了促进土地所有权的流转，1980年日本政府出台了《农用地利用促进法》，确保了土地使用的合理性和灵活性。与之类似，韩国政府也进行了一系列的改革，包括20世纪70年代末的废除土地最高限制和对租赁的限制，使得土地得以盘活，随后在1994年出台的《农地基本法规》，取消了对农场租售的限制，并将土地企业化，大大地鼓励了土地的集中和规模化经营；2002年韩国政府提出了《土地法》的修正案，将非农资金引入农业生产中，促进了农场规模的扩大。

（2）实施补贴政策来盘活土地。通过补贴鼓励土地流转是日韩政府的主要措施之一，补贴政策的实施能够有效地推动农民自愿、主动地进行土地流转。在日本，如果农民年龄在60~64岁，并且愿意转让土地，那么该农民将会得到土地转让的年金；在韩国，政府为了鼓励年龄超过65岁以上的农民将土地流转，制定了“农民退休支付计划”，对流转的农民给予每年2580美元/公顷的补贴。此外，韩国政府还实施农田直补、稳定收入直补以及隐退转入直补等措施。补贴政策的实施取得了较好的效果，盘活了土地使用，扩大了土地的经营规模。

（3）鼓励和扶持多种合作经营模式。日韩两国在合作经营的模式上取得了一定的成效。对农业合作组织的扶持主要体现在政府的贷款和补贴上，日韩两国政府向合作组织提供相应的补贴，鼓励农业合作组织的形成，同时在农业合作组织的发展中也以优惠的政策提供贷款和技术，保障了农业合作组织的可持续发展。农业合作组织的确立和发展保证了规模化经营有效的开展，促进了农业现代化的进程，同时也提高了农民的收入和福利。

（4）支持粮食经营规模多模式多途径发展。日韩两国在探索农户适度经营规模过程中出现了多种经营规模的形式，如土地规模经营的模式，除了家庭主导型外还包括企业经营模式和协会经营模式，在韩国还出现了以少数农户组成营农集团的经营模式，并且允许农业法人、农业科研机构、合作社以及协会等组织承租耕地，有效地提高了土地的集约化和农地的经营规模。

（三）亚洲国家粮食经营规模发展的启示和缺点

1. 亚洲国家粮食经营规模发展的启示

（1）制定多方面的粮食经营规模政策，并根据需要不断修正和调整。根据日韩两国在制定相关经营规模政策方面的经验，我国政府应该从多方面来制定粮食经营规模的政策，调动农户流转或者集中土地的积极性。在政策制定之前应该全面评价政策可能产生的效果，在政策实施之后，应该对政策产生的效果进行评价，对政策存在的不足和缺点进行改进，并出台相应的修正和调整措施，持续地鼓励农户进行适度规模经营，保证我国粮食规模经营的效益及农民的收入和福利。

（2）具体化土地流转的立法，加大在土地流转方面的补贴。在我国现有政策中，虽然涉及了鼓励土地流转的内容，但是土地流转的具体措施还很欠缺，只有土地流转的立法具体化，土地流转才能有效地、大规模地得以实施。要调动农户土地流转的积极性，补贴是一个重要的措施，应该借鉴日韩两国的经验对特定人群的农户（如年龄过高）给予流转补贴，使得更多土地转向专业农户或者家庭农场，真正实现土地利用的最大化。

（3）鼓励创新的经营模式。2014 年中央“一号文件”提出了家庭农场、专业大户等关键词，说明我国政府也在积极地探索新型的规模经营主体，随着土地的盘活和更多经营模式的引入，应该探索并找准适合我国的规模经营模式，通过立法的形式保障不同模式的所有权。在未来的经营规模模式发展中，应借鉴日韩两国的经验，并非经营规模越大越好，最优规模的确立应该考虑农民的收益、粮食生产的效率等多维度指标。

2. 亚洲国家粮食经营规模发展的不足

日本和韩国等亚洲国家虽然在探索粮食经营规模的道路上比中国早，且取得了一定的成效，但是仍然没有达到政府的预期效果，粮食的经营规模还相对较小，政府的鼓励措施没有让日韩等国家的粮食经营规模显著扩大，因此除了借鉴日韩成功的经验，日韩等亚洲国家经营规模很难进一步扩大的教训和不足也是我国在寻找适度经营规模方面需要总结和思考的。日韩等亚洲国家粮食经营规模难以扩大的原因主要有以下两个：

（1）日韩等亚洲国家的土地价格相对较高。一方面，拥有土地的农民不愿意将土地进行流转。虽然政府出台了补贴和其他相关鼓励措施，但是相对于土地的价格，这种激励措施仍然不能很好地调动农民将土地流转的积极性。另一方面，土地的价格较高，提高了想扩大经营规模农户的成本。由于土地的价格较高，大规模经营的农户成本变得很高，收益相对较低，因此接受土地流转的农户的积极性也就不高。

（2）日韩等亚洲国家农户对土地的预期价格相对较高。很多农户虽然有土地流转的意愿，但是对于土地流转持观望态度，主要是因为他们预期土地的价格会进一步提高，因此认为越晚流转土地可能获得的租金会越高，对土地的预期过高导致了真正流转的土地数量很少，最终没有达到政府希望土地迅速流转的预期。

六、小结

河北农户的平均经营规模呈现递增态势，户均玉米经营规模从 2004 年的 0.98 亩增加到 2010 年的 1.26 亩。人均玉米经营规模也不断增长，从 2004 年的 3.6 亩增长到了 2010 年的 4.48 亩。从地区层面看，河北玉米的种植规模存在区域差异化，但是大部分地区的玉米经营规模集中在 2 ~ 4 亩。与其他省份相比，河北户均经营规模排名第八，远低于黑龙江、吉林的规模，与山东、陕西、山西以及宁夏等地区的玉米经营规模接近。

中国的农业政策和与规模经营相关的政策也随着经济的发展不断演变，中国的粮食政策大体可以分为六个阶段，分别是 1953 ~ 1982 年的统购统销政策阶段，1983 ~ 1985 年的合同制改革政策阶段，1953 ~ 1997 年的农产品价格改革阶段，1998 ~2001 年的“三项政策”改革阶段，2001 ~2004 年的市场化政策改革阶段以及 2004 年至今的“多予、少取、放活”农业政策阶段，不同政策的出台都是为了适应当时经济发展形势应运而生的。

与农业政策相对应，粮食经营规模相关政策也不断发展和细化，从 1982 ~ 1985 年的粮食经营规模细碎化，到 1986 年的适度经营规模被提出。进入 2000 年之后，适度规模经营不断被具体化，在 2005 年提出适度经营规模的前提是自愿和有偿的；2006 年又提出了要发展多种形式的适度经营规模，并提出将经营权进行流转的机制；2007 年，提出适度经营规模的区域差异性和产业带动性；2008 年，提出了要完善发展适度经营规模的合同登记制度和鼓励中介服务业务；在 2012 ~2013 年再次提出要鼓励特定区域扩大规模，提出专业大户、家庭农产、农村合作社流转概念，明确流转主体；在 2014 年首次提出了粮食经营规模的营销贷款试点概念。粮食经营规模的政策越来越具体，土地流转的立法和程序越来越明确是近年相关政策的导向。

1960 ~2015 年，国内玉米消费量呈现指数增长趋势。饲料用玉米消费是我国玉米总消费量增加的主要驱动力。2015 年我国玉米总消费量占世界玉米总消费量的 22. 26%，我国饲料用消费量占世界饲料用总消费量的 26. 22%，2004 年 6 月到 2015 年 3 月我国玉米的月度集贸市场玉米价格指数呈现整体平稳上涨的趋势。我国玉米进口量较少，2008 年之后，玉米的进口量有了显著的增加，其中 2011 年玉米进口量达到了 523. 10 万吨，自 2011 年之后，我国玉米的进口量主要维持在 300 万吨左右。从进口价格角度看，我国玉米进口的到岸完税价格 2009 ~2015年呈现先增加后降低的趋势。

亚洲国家主要是以小规模和家庭种植为主体的粮食经营模式，因此分析亚洲国家的粮食经营规模的现状及其演变过程对我国粮食经营规模的探索具有一定的参考和借鉴。亚洲国家粮食经营规模发展对我国的启示是：一要制定全方位的粮食经营规模政策，并不断修正和调整；二要具体化土地流转的立法，加大在土地流转方面的补贴；三要鼓励创新的经营模式。日本和韩国等亚洲国家虽然在探索粮食经营规模的道路上比中国要早，而且取得了一定的成效，但是日韩等亚洲国家的土地价格相对较高以及农户对土地的预期相对较高，在很大程度上阻碍了日韩两国粮食规模经营的有效开展。

第四章　河北玉米农户经营规模的划分

现有文献中，很多论文都是研究不同经营规模的农户行为或生产特征，但是对经营规模的划分却存在很大的质疑，因为大部分论文对于粮食经营规模的划分是引用别人的划分标准，而这种划分标准却无从考证。例如，李岳云等（1999）在调查不同经营规模农户经营行为时，主观地将所调查的农户划分成大、中和小规模，其中设定小于3亩的是小规模，3～9亩的是中规模，而9亩以上的为大规模，但对于临界值3亩和9亩的选择标准却未做任何陈述；之后，很多学者在研究经营规模时都引用该作者的划分标准。通过引用别人的标准来划分经营规模存在一定的争议，因为不同地区、不同品种的经营规模划分存在一定的差异性，而且随着经济的发展，即使是同一地区、同一品种的经营规模也在发生着变化，所以引用别人对粮食经营规模的划分具有一定的主观性，不够精确。

中国农户的粮食经营规模整体相对较小（本书主要的研究对象是家庭农户），但是对经营规模进行划分也有一定的必要性：首先，很多研究认为粮食经营规模、效率和农户行为等因素具有很大的相关性，研究不同粮食经营规模的农户行为能够更好地把握农户的行为和生产情况（Helfand et al.，2004）；其次，不同范围内的粮食经营规模往往能反映出相近的特征，对粮食经营规模进行一定的分类能够更好地反映特定经营规模内的农户和生产的特征，对提高粮食的生产潜力和制定相应的政策都具有参考价值。

鉴于此，本章将通过实证的方法探讨河北玉米经营规模的划分标准。本章主要内容分为五个部分，第一部分是对已有的经营规模划分标准的汇总；第二部分是分析现有的不同经营规模划分的理论方法；第三部分是使用单指标方法对河北玉米经营规模进行划分；第四部分是利用多指标方法对河北玉米经营规模进行划分；第五部分是分析规模划分的意义和局限性。在第六部分进行了小结。

一、现有的经营规模划分标准

基于不同粮食经营规模选择指标，粮食的经营规模（Farm Size）划分标准基本分为三类：多指标衡量标准、使用土地规模衡量标准和单指标衡量标准。使用土地规模衡量粮食经营规模是最普遍使用的方法。不同划分方法各有优势和劣势，具体的划分步骤、划分标准如下：

（一）多指标衡量标准

多指标衡量标准，即考虑多个指标来衡量农业经营规模，给予不同指标不同的权重，最后得出一个综合指标，根据指标值的大小来划分农业经营规模，例如，国际有机农业运动联合会（IFOAM）等国际组织就采取多指标衡量标准。多指标衡量标准考虑的因素更全面，但是多指标衡量标准也存在一定的缺点：①对于指标的选择具有一定的主观性，不同机构考虑的指标不同；②对于指标赋予的权重也存在主观性，指标权重的不同很难将划分的农业经营规模统一化；③部分指标数据难以获取或衡量。鉴于多指标衡量的缺点，多指标衡量未被广泛应用于学术研究和实践中。

（二）使用土地规模衡量

使用土地规模衡量，即基于农户经营的土地面积来划分经营规模，将土地面积作为衡量技术和投入的一个替代变量，且对于规模的划分会设定一个临界值，如从全球平均农业经营规模的角度，将10公顷、75公顷分别作为小规模和大规模的临界值。优点是土地面积数据易于获取，被广泛应用于经营规模的衡量，但是该指标衡量也存在一定的缺点：①土地面积的大小不能全面地反映土地的规模（土地的肥力、种植品种存在差异）；②对不同规模划分的临界值的设定较主观（不同国家、不同作物划分标准差异较大）。

（三）单指标衡量标准

单指标衡量标准，即采用除了土地面积以外的唯一指标来衡量土地规模，这种方法主要用于衡量土地的特定功能，如要衡量土地的价值，则使用土地的边际收益作为指标来衡量土地规模；要衡量土地的生产力，则使用单产水平来衡量土地规模。该方法衡量的指标较片面和单一，对于研究粮食经营规模，则很难综合衡量粮食经营规模的大小以及进一步影响粮食经营规模的驱动力和效率。

在国际上，划分粮食经营规模的指标有很多种，主要包括土地面积、土地质量、单产水平、劳动力投入、机械使用量、资本持有量、农业收入、边际收益等，表4-1将指标从市场导向、土地持有规模、劳动投入等方面进行了细化。在学术界，没有单一的标准化指标来衡量农业的经营规模，但大部分学者会使用土地面积来衡量农业的经营规模。有很多学者认为单一指标不能很好地衡量粮食的经营规模，因为不同国家、不同的作物，在不同时期的经营规模有很大的差异性，而多指标衡量能涵盖更多的信息量，是较好的指标衡量形式。然而多指标衡量也存在很多的缺点，如指标的个数和具体指标的选取存在很大的主观性和武断性，而且使用多指标往往要受到数据不可获取的限制，多指标衡量的可比性较差。

表4-1　用于衡量农业经营规模的指标

市场导向指标	种植品种是否以市场为导向
土地指标	土地持有规模 耕种土地面积 土地位置（农村或者城市离市中心距离）

续表

劳动力指标	劳动力投入 家庭劳动力和雇用劳动力比例 长期雇工或者季节性雇工 劳动力投入的数量 耕地与住宅距离
责任指标	农地经营责任
收入指标	收入 耕地收入占家庭收入比例 所有收入的来源 拍卖成本与产品市值的比较
技术指标	耕种体系 技术水平 灌溉或者依靠降雨
种植能力指标	能力 耕地经营水平 执行力 储存、加工以及营销 证书
法律指标	法律方面 注册为私有公司或者家庭经营 土地租用
组织化指标	组织化水平

资料来源：Aidenvironment（2014）。

在研究美国等大规模生产类型的国家，学者们既使用多指标的划分方法，如用单产水平、劳动力投入、机械使用和资本持有量等指标来衡量农业经营规模，也使用土地面积来划分粮食经营规模。一般而言，多指标的划分方法主要用于土地的价值评估和企业定价，单指标划分方法则主要用于学术研究。

而对于像亚洲（包括中国）这种以家庭经营（自我雇用）类型的农业经营模式，学者们一般使用的是耕种土地面积作为衡量经营规模的指标。使用土地质量衡量农业经营规模的方法较少，主要是因为很难对影响土地质量的各种指标赋予权重，因此难以获得具有说服力的土地质量标准。

鉴于三种方法的优缺点、数据的可获取性以及研究目标，本书主要采用经营的土地面积来衡量经营规模，由于本书所选择的地区均为河北的玉米主产区，意味着该地区种植玉米较适宜，土地的肥力相对较肥沃，所以本书假设研究地区的土地质量一致，在单指标划分时，采用统计学的样本分布原理来定义河北玉米的不同经营规模。此外，鉴于多指标划分粮食经营规模理论的合理性，还尝试性地使用多指标方法进行了玉米经营规模的划分，主要选取了四个指标，使用的是主成分分析方法。

二、不同经营规模的划分理论

（一）单指标粮食经营规模的划分原理

对粮食经营规模的划分基于样本的概率分布函数，Britton（1950）最早使用该方法来衡量平均粮食经营规模，之后被很多学者广泛应用（Philip et al.，1998），该方法的基本原理是通过样本分布的累计概率来划分经营规模，具体的数学公式如下：

$$\mu = \int_{\min}^{s} f(x)\,\mathrm{d}x + \int_{s}^{l} f(x)\,\mathrm{d}x + \int_{l}^{\max} f(x)\,\mathrm{d}x \tag{4-1}$$

式中，μ 是该分布的概率，通常 $\mu = 1$；x 代表要衡量的农户的经营面积；$f(x)$ 是累计密度函数；$\int f(x)\,\mathrm{d}x$ 是累计密度函数的积分；min 代表该规模中农户的最小种植面积；s 代表小规模和中规模划分的临界值；l 代表中规模和大规模划分的临界值，介于 s 和 l 之间的规模则为中规模。本书的大规模、中规模和小规模是一个相对的概念，无法与国外的大规模农户进行比较，大规模、中规模和小规模只是按照样本的分布进行的三等分划分（见图 4－1）。

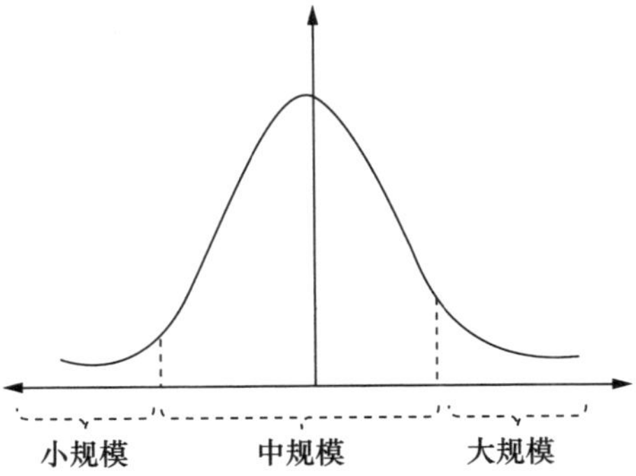

图 4-1 不同经营规模的划分原理及分布

（二）不同经营规模划分的多指标构建原理

用多指标来衡量粮食的经营规模，能全面、系统地反映粮食的经营规模，涉及的指标从不同的角度反映粮食经营规模的情况，由于不同指标的量度和单位都不同，所以使用不同指标会增加计算量和分析问题的复杂性，而且多指标意味着多维度，多维度的比较也难以实现。主成分分析能够将多维度转化成单维度，是衡量多指标的一种重要方法。

主成分分析能揭示大样本、多变量或样本之间的内在关系，是一种简化数据集的技术，能够把所有变量变换到一个新的坐标系统中，利用降维的思想把多指标转化成少数几个综合指标。主成分分析在经济学中被广泛应用，也有很多文献利用多指标的思想来划分我国的粮食经营规模。主成分分析的原理如下：

设有随机变量 X_1，X_2，…，X_P 代表用于衡量粮食经营规模的不同指标，样本标准差记为：S_1，S_2，…，S_p，因为变量的维度和单位不同，在构建主成分分析指标之前应该进行标准化变换，变换的公式具体如下：

$$C_j = a_{j1}x_1 + a_{j2}x_2 + \cdots + a_{jp}x_p，j = 1，2，\cdots，p \tag{4-2}$$

我们有如下定义：若 $C_1 = a_{11}x_1 + a_{12}x_2 + \cdots + a_{1p}x_p$，且使 $Var(C_1)$ 最大，则称 C_1 为第一主成分；若 $C_2 = a_{21}x_1 + a_{22}x_2 + \cdots + a_{2p}x_p$，且 $(a_{21}, a_{22}, \cdots, a_{2p})$ 垂直于 $(a_{11}, a_{12}, \cdots, a_{1p})$，且使 $Var(C_2)$ 最大，则称 C_2 为第二主成分；除了第一主

成分、第二主成分，还可以有第三、第四和第五主成分，至多有 p 个主成分。

主成分 C_1，C_2，…，C_p 具有以下性质：

（1）主成分互补相关，即 $Corr(C_i, C_j)=0$，i 和 j 为任意数。

（2）组合系数构成的向量（a_{i1}，a_{i2}，…，a_{ip}）为单位向量。

（3）主成分的方差从第一组成分到第 p 组成分依次递减，即 $Var(C_1) \geq Var(C_2) \geq \cdots \geq Var(C_p)$。

（4）总方差恒定不变，即 $Var(C_1)+Var(C_2)+\cdots+Var(C_p)=Var(x_1)+Var(x_2)+\cdots+Var(x_p)=p$，意味着，主成分是对原有指标变量的一种线性组合，主成分既不增加总信息量，也不减少总信息量。

（5）主成分和原变量的相关系数关系如下：$Corr(C_i, x_j)=a_{ij}$。

（6）令 X_1，X_2，…，X_P 的相关矩阵为 V，（a_{i1}，a_{i2}，…，a_{ip}）是相关矩阵 V 的第 i 个特征向量，令 l_i 为相关矩阵的第 i 个特征值，则有如下关系：$l_1 \geq l_2 \geq \cdots \geq l_p \geq 0$。

三、河北玉米经营规模的单指标划分

基于上一节的理论和现有文献对于规模的实证划分标准，将农户的经营规模进行概率分布划分，图 4－2 和图 4－3 分别呈现了 2003 年、2007 年和 2010 年的河北玉米种植农户的概率分布情况，从图 4－2 和图 4－3 可知，大部分农户的种植面积集中在 2～5 亩，较少农户的种植面积在 10 亩以上，2003 年和 2007 年农户种植面积的峰值在 4 亩左右，2010 年农户种植面积的峰值右移，说明河北玉米种植面积有扩大的趋势。

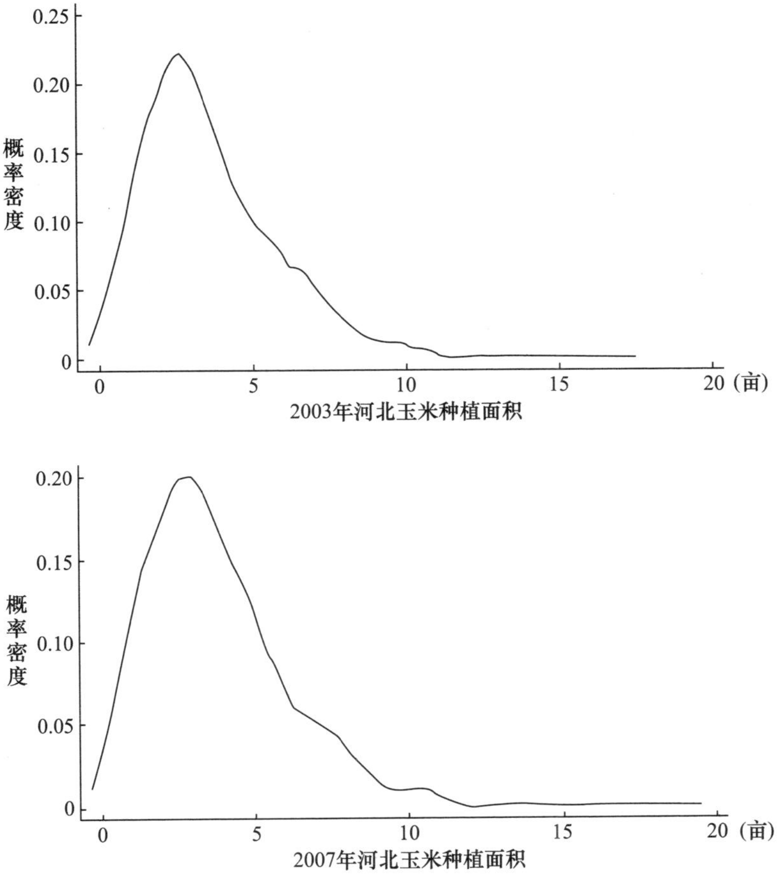

图 4－2　2003 年和 2007 年河北玉米种植面积的概率分布

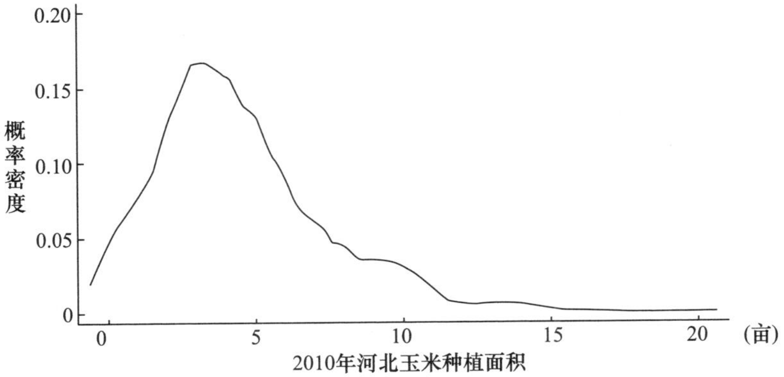

图 4－3　2010 年河北玉米种植面积的概率分布

很多学者在进行经营规模划分时也都一般将规模划分成三个等级，李岳云等（1999）将所调查的农户划分成大规模、中规模和小规模，其中设定小于3亩的是小规模、3~9亩的是中规模、9亩以上的为大规模，本书也将经营规模划分成了三个级别，分别是大规模、中规模以及小规模。

本书将概率分布函数进行了进一步的细化，假设$\mu=1$，则其表达形式变成：$1=\int_{min}^{s}f(x)dx+\int_{s}^{l}f(x)dx+\int_{l}^{max}f(x)dx$，且按照小规模、中规模、大规模各占1/3的标准进行细化，即$\int_{min}^{s}f(x)dx=\int_{s}^{l}f(x)dx=\int_{l}^{max}f(x)dx=\frac{1}{3}$，根据该标准，表4-2计算了2003~2010年各年以及平均的大、中、小规模的划分临界值，具体如下：

表4-2　大、中、小玉米经营规模划分的临界值

年份	小规模临界值	大规模临界值	小规模（亩）	中规模（亩）	大规模（亩）
2003	2.4	3.9	<2.4	>2.4，<3.9	>3.9
2004	2.5	4.0	<2.5	>2.5，<4.0	>4.0
2005	2.4	4.0	<2.4	>2.4，<4.0	>4.0
2006	2.5	4.1	<2.5	>2.5，<4.1	>4.1
2007	2.5	4.0	<2.5	>2.5，<4.0	>4.0
2008	2.7	4.5	<2.7	>2.7，<4.5	>4.5
2009	3.0	5.0	<3.0	>3.0，<5.0	>5.0
2010	3.0	5.0	<3.0	>3.0，<5.0	>5.0
平均	2.59	4.5	<2.59	>2.59，<4.5	>4.5

注：整体而言，由于河北玉米农户的经营规模都相对较少，本书中所指的大、中、小玉米经营规模主要是指在样本分布中概率密度的前1/3（小规模）、中1/3（中规模）和后1/3（大规模），是一个相对的概念。本书主要研究农户的经营规模问题，未考虑家庭农场、农业合作社等新型经营主体。

从表4-2可以看出，如果按照概率1/3作为划分标准，2.59亩则为平均水平上的小规模临界值，而4.5亩则为大规模临界值。从具体年份看，小规模的临界值呈现动态增长的趋势，即从2003年的2.4亩增长到2010年的3亩，大规模的临界值也从2003年的3.9亩增加到了5亩，说明农户的种植面积自2003年至2010年呈现增长态势。

四、河北玉米经营规模划分的多指标构建

用多指标划分我国粮食经营规模主要应该考虑的是粮食的种植面积、粮食的物质投入、劳动力投入以及农户的收益等（袁界平，1989），本书使用河北玉米的种植面积、玉米种植的物质总投入、玉米种植的劳动力投入以及农户玉米种植的收益来综合衡量河北玉米的经营规模。因不同指标的量度和维度都不同，要将多指标进行综合比较和划分可使用主成分分析方法，很多研究认为，主成分分析比因子分析、灰色关联度分析更科学、更精确（孙晓东等，2005）。本书运用主成分分析法来构建不同年份和不同区域的玉米经营规模的综合指标体系。

表 4－3　多指标经营规模的主成分分析结果

主成分	特征值	差分	比例	累计比例
第一主成分	2.854	1.984	0.714	0.714
第二主成分	0.885	0.695	0.225	0.935
第三主成分	0.198	0.118	0.058	0.988
第四主成分	0.090	—	0.030	1.000

根据主成分分析的原则，主成分的个数与构建指标的个数相同，所以表4－3主要报告四个主成分的结果。表4－3 中的第二列报告的是第一到第四主成分的相关矩阵的特征值，其中第一主成分的特征值为2.85，远高于第二、第三以及第四主成分，第四列的比例主要是指第一主成分的变异占总变异的比例。从表4－3 可知，第一主成分占总成分的0.71，即第一主成分解释了指标体系中71%的总变异，说明用第一主成分来代替原始的四个分项指标是有效的。而第二

到第四主成分解释了29%的总变异。第五列的累计比例则是将第一到第四主成分逐一进行累加，第一到第四主成分的累计比例为1。

对于第一到第四主成分中，保留几个主成分有很多的检验方法，包括陡坡检验（Scree Test）、变异比例、分析残差和前置假设以及Kaiser－Guttman原则等方法，本书则使用Kaiser－Guttman原则进行检验（Esmaeili & Shokoohi，2011）。根据Kaiser－Guttman原则，应该保留特征值大于1的主成分，按照这个标准，本书仅保留了第一主成分来进行多指标构建的分析（见表4－3）。

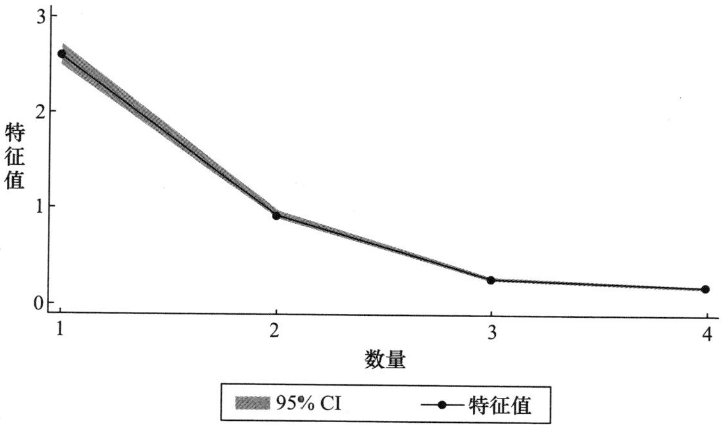

图4－4　主成分后的特征值陡坡图

表4－4中列出的是不同主成分中各指标的主成分系数，因为只有第一主成分的特征值大于1（Kaiser－Guttman原则），所以我们仅对第一主成分进行分析。从不同指标的主成分系数看，四个指标的系数都为正数，且玉米种植面积的系数最大为0.61，其次是玉米物质总投入（0.59），而玉米劳动投入量的系数最小（0.18）。综合不同指标的主成分系数可以得出四个指标能较大程度地影响第一主成分的得分，且四个指标越大，则第一主成分的值越大，所以第一主成分可以看作衡量玉米经营规模的综合指标值。

表 4-4 不同主成分中各指标的主成分系数

指标	第一主成分	第二主成分	第三主成分	第四主成分	未解释的变异
玉米种植面积	0.610	-0.090	-0.280	-0.740	0.000
玉米物质总投入	0.590	-0.050	-0.460	0.660	0.000
玉米劳动投入量	0.180	0.980	0.110	-0.010	0.000
玉米总收益	0.500	-0.180	0.840	0.120	0.000

表 4-4 主要是对样本整体进行的分析，为了进一步验证不同指标主成分系数的稳定性和不同年份、地区的差异性，还进一步分别按照年份和地区测算主成分的特征值和主成分系数。不同地区和年份的主成分分析结果显示，在四个主成分中，只有第一个主成分的特征值大于 1，且四个指标的主成分系数的大小基本和总样本中的系数大小一致。

表 4-5 不同年份不同指标的主成分系数

主成分	玉米种植面积	玉米物质总投入	玉米劳动投入量	玉米总收益
P_{2003}	0.575	0.555	0.265	0.555
P_{2004}	0.610	0.590	0.180	0.500
P_{2005}	0.595	0.555	0.205	0.565
P_{2006}	0.588	0.568	0.138	0.588
P_{2007}	0.582	0.562	0.282	0.522
P_{2008}	0.562	0.532	0.322	0.552
P_{2009}	0.563	0.543	0.343	0.533
P_{2010}	0.581	0.501	0.521	0.371

表 4-5 为不同年份的四个指标的主成分系数，玉米种植面积、玉米物质总投入、玉米总收益的主成分系数都在 0.50 以上，说明这三个变量对于主成分的值有很大的影响，而玉米劳动投入量的主成分系数也在 0.2 以上，说明玉米劳动投入对主成分值的影响也不可忽略。表 4-6 中详细呈现了不同年份的特征值和比例，不同年份的主成分特征值都在 2.4~2.9 且比例在 0.6~0.8，说明该主成分能很好地反映四个指标的变异性。结合表 4-4 和表 4-5 的结果可以认为，该

主成分的得分可用于划分综合指标的玉米经营规模。

表 4 - 6　不同年份主成分的特征值及比例

主成分	特征值	差分	比例
P_{2003}	2.675	1.795	0.675
P_{2004}	2.853	1.983	0.713
P_{2005}	2.424	1.464	0.604
P_{2006}	2.616	1.686	0.656
P_{2007}	2.553	1.563	0.643
P_{2008}	2.569	1.699	0.649
P_{2009}	2.879	2.079	0.729
P_{2010}	2.850	2.070	0.720

从不同区域看（见表 4 - 7），主成分系数也呈现了与总样本以及不同年份相同的趋势，即玉米种植面积、物质总投入以及玉米总收益的值超过 0.50，而劳动投入量的系数相对小一些。同时，不同村也呈现出一定的差异性，如村 1、村 7、村 9 的玉米劳动投入量的比例超过 0.50，说明玉米劳动投入对衡量综合玉米经营规模所占比重高，而村 10 的玉米种植面积的主成分系数为 0.53，而其他三个指标要素的主成分系数都接近 0.50，可以得出四个指标对于主成分的影响效果较均衡。表 4 - 8 中显示的是不同地区主成分的特征值和比例等，不同地区的主成分特征值都大于 2，且所占比例都在 0.70 左右，说明我们选取的第一主成分能够解释 70% 的四个指标的方差变异，能较全面地涵盖四个指标的信息。

表 4 - 7　不同地区（村）不同指标的主成分系数

主成分	玉米种植面积	玉米物质总投入	玉米劳动投入量	玉米总收益
$P_{村1}$	0.580	0.500	0.520	0.370
$P_{村2}$	0.529	0.509	0.489	0.509
$P_{村3}$	0.615	0.605	0.155	0.505
$P_{村4}$	0.547	0.547	0.387	0.527
$P_{村5}$	0.544	0.504	0.454	0.514

续表

主成分	玉米种植面积	玉米物质总投入	玉米劳动投入量	玉米总收益
$P_{村6}$	0.542	0.522	0.372	0.552
$P_{村7}$	0.510	0.470	0.510	0.510
$P_{村8}$	0.591	0.561	0.151	0.561
$P_{村9}$	0.580	0.500	0.520	0.370
$P_{村10}$	0.529	0.509	0.489	0.509

注：村的区域分布请见第二章。

表 4－8　不同地区（村）主成分的特征值及比例

主成分	特征值	差分	比例
$P_{村1}$	2.656	1.906	0.666
$P_{村2}$	3.088	2.638	0.778
$P_{村3}$	2.157	1.147	0.547
$P_{村4}$	2.474	1.684	0.624
$P_{村5}$	2.862	2.272	0.712
$P_{村6}$	2.924	2.224	0.734
$P_{村7}$	3.377	3.047	0.847
$P_{村8}$	2.462	1.422	0.612
$P_{村9}$	2.656	1.906	0.666
$P_{村10}$	3.088	2.638	0.778

注：村的区域分布请见第二章。

根据 $C_j = a_{j1}x_1 + a_{j2}x_2 + \cdots + a_{jp}x_p$，$j=1, 2, \cdots, p$，可计算出主成分的得分，其中 x_p 为标准化后的变量值，对于综合指标下的不同粮食经营规模的划分，也是将主成分得分 C_j 的概率分布函数进行了进一步的细化，即主成分得分的分布划分为三段，每一部分都占有样本概率的 1/3，具体的公式变成：$1 = \int_{min}^{s} f(x) dx + \int_{s}^{l} f(x) dx + \int_{l}^{max} f(x) \mathrm{d}x$，且按照小规模、中规模、大规模各占 1/3 的标准进行细化，即 $\int_{min}^{s} f(x) \mathrm{d}x = \int_{s}^{l} f(x) \mathrm{d}x = \int_{l}^{max} f(x) \mathrm{d}x = \frac{1}{3}$。

表4-9　基于多指标标准的大、中、小玉米经营规模划分的临界值

单位：亩

小规模临界值	大规模临界值	小规模	中规模	大规模
2.60	4.54	<2.60	>2.60，<4.54	>4.54

注：整体而言，由于河北玉米农户的经营规模都相对较少，本书中所指的大、中、小玉米经营规模主要是指在样本分布中的前1/3（小规模）、中1/3（中规模）和后1/3（大规模），是一个相对的概念。本书主要研究农户的经营规模问题，未考虑家庭农场、农业合作社等新型经营主体。

五、对规模划分的意义和局限性

通过单指标方法和多指标方法得到的玉米的大、中、小规模的临界值分别为2.59亩和4.5亩，这两个临界值都很小，但是对规模进行划分具有一定的意义。

首先，从统计学上看，大规模、中规模和小规模代表的是样本概率分布的均等1/3的分布，即小规模为前1/3的概率密度函数的分布，中规模是中间1/3概率密度函数的分布，而大规模是后1/3的分布，这种分布能够容易把握不同规模的特征，进而在制定政策的时候更有针对性。

其次，我国的粮食经营规模普遍偏小，临界值的获取也是基于样本数据的分布而得到的，在对样本的驱动力和效率分析时，分规模来研究更容易对比三者之间的差异，如果不同规模之间的特征趋势有所不同，说明不同规模之间存在着差异，因此对规模的划分更有意义。

对规模划分的局限性是，对规模的划分可能会弱化同一规模内的样本差异性，而且对样本数据的三等分可能存在一定的武断性，因为还可以对样本进行二等分或者四等分，所以选择存在一定的主观性。

六、小结

本章主要是对河北玉米的经营规模进行划分，在现有文献中，粮食经营规模的划分方法主要分为三种，分别是多指标衡量标准、土地规模衡量标准和单指标衡量标准，多指标划分能够涵盖更多的信息量，理论上是较好的划分标准，但是在现实中应用较少，主要是因为该方法在指标选择、权重赋予、数据获取等方面存在很大的局限性和主观性。使用土地规模衡量粮食经营规模是学术界较普遍采用的方法。本书采用了两种方法对河北玉米的经营规模进行了划分。

用土地规模划分河北玉米经营规模主要使用的是统计学的概率分布函数理论，通过样本的累计概率来划分经营规模，多指标方法则主要基于主成分分析的方法，选择了玉米种植面积、玉米物质总投入、玉米劳动投入量和玉米总收益作为指标，对多指标进行标准化处理，并对主成分个数进行选择，确定最终特征值进行划分。

单指标划分经营规模的结果表明，2003～2010 年，大规模、小规模和中规模的划分临界值是 2.59 亩和 4.5 亩，即河北农户的玉米种植面积小于 2.59 亩则为小规模，在 2.59 亩和 4.5 亩之间则为中规模，大于 4.5 亩则为大规模。还进一步分析了不同年份的不同规模划分的临界值，结果发现，2003～2010 年，不同规模划分的临界值也在不断变化，小规模和中规模的临界值从 2003 年的 2.4 亩增长到 2010 年的 3 亩，中规模和大规模的临界值则从 2010 年的 3.9 亩增长到 2010 年的 5 亩。

多指标划分经营规模方法的结果表明，主成分分析中的第一主成分涵盖了所有指标中的大部分信息，且所使用的指标玉米种植面积、玉米物质总投入、玉米劳动投入量和玉米总收益的系数较高，意味着所选择指标对多指标的综合衡量有重要的贡献率。具体来看，玉米种植面积的系数为 0.61，对该综合指标的贡献最大，其次是玉米的物质总投入和玉米总收益，分别是0.59和0.50，贡献率最小的是劳动投入量，为0.18。还进一步分别分析了不同年份不同指标的系数和不同区域不同指标的系数，结果表明不同年份和不同区域的同一指标的系数值很接近，证明了指标权重的稳定性。从不同年份的特征值角度看，2003～2010年，特征值呈现整体增加的趋势，意味着该第一成分和所选指标能解释更多的数据信息的变异性，即指标的选取和第一成分的选取更可靠。

通过对单指标中划分的临界值和多指标中种植面积的临界值对比发现，两种标准衡量的大、中、小规模的临界值很接近，主要是因为玉米物质总投入、玉米劳动投入量和玉米总收益等指标与玉米种植面积具有显著的相关性。

第五章　河北玉米农户经营规模选择的驱动力

农户粮食经营规模的选择是农户的经营行为，农户对于粮食经营规模的决策是多种因素综合作用的结果，既受到农户自身特征的影响，也与制度、政策因素相关，还与社会因素、市场因素以及气候因素等紧密关联。因此研究粮食经营规模的选择时应该考虑多重因素，综合分析才能更全面地反映出粮食经营规模选择的驱动力。

对粮食经营规模选择驱动力的研究，有助于分析出不同层面的影响因素对于农户经营规模选择的影响，对于进一步调动农户农业生产的积极性、制定有效的农业政策和确立合理的补贴具有一定的借鉴意义和参考价值。本章主要分为七个部分，第一部分是对影响玉米经营规模选择的因素进行梳理和汇总；第二部分是对相关的经营规模的影响因素和数据来源进行说明，同时对数据进行统计描述；第三部分是对模型的影响因素进行相关变量平衡性检验；第四部分是对不同规模的影响因素效果的差异性检验；第五部分则是进行模型设定及估计结果分析；第六部分主要对模型结果的稳健性进行检验；第七部分是小结。

一、农户玉米经营规模行为选择的理论基础

农户粮食经营规模的选择是一个综合性的行为。综合主要是指农户在选择粮食的经营规模时不仅要考虑政策、玉米的价格等，还要考虑其他替代作物或者经济作物的种植和收益，同时考虑气候等因素对玉米生产的影响以及其他相关的农业影响因素。农户粮食经营规模的选择往往考虑的是非农业方面的因素，如在河北，很多农户选择种植玉米或者扩大玉米的经营规模主要是因为玉米相对于其他作物更抗旱，且不用投入太多的劳动力，因此农户如果扩大玉米的经营规模可以将更多劳动力投入到外出打工或经商等非农行业。此外，农户对于玉米经营规模的选择还与我国的农业制度以及农户的个人和家庭特征等因素相关。因此在分析玉米经营规模选择时要综合考虑多方面的因素，才能更客观地分析出玉米经营规模选择影响因素的效果大小。

从理论上看，玉米经营规模选择主要是农户生产经营理论的研究范畴（钟真、孔祥智，2013），农户经营行为理论是指农户会为了追求利润最大化或者资源的最优化配置，而设定的经营目标和生产决策（翁贞林，2009）。农户经营行为理论有三个学派，分别是组织与生产学派、理性小农学派以及历史学派。组织与生产学派的学者认为，农户的经营决策行为主要是为了追求生产的最低风险；理性小农学派则认为农户的决策行为是为了追求利润的最大化；而历史学派认为农户的经营行为既是生计的需要，也是为了追求利润的最大化，农户经营行为是两者的结合（翁贞林，2008）。农户的生产经营行为包含在农户的经营行为理论中。

农户生产经营行为是一个系统的运行机制，其理论建立在农户经营的需求、目的、内在约束和外在行为共同作用的基础上，并将农户的成本和收益考虑到经营决策中。如图 5 – 1 所示，各经营要素有序承接，构成农户经营行为的运行体

系。即农户经营行为是从需求的动机开始，在内在约束作用下，农户及时对约束做出修正（理想经济人追求利益最大化），以外以行为作为表象，共同构成农户经营行为，进而循环构成了农户经济行为运行的系统机制。

对于粮食经营农户而言，虽然农户的经营规模选择会受到各个方面因素的影响，但农户的生产决策目的主要还是为了达到个人或者整个家庭的利润最大化，或者使资源达到有效的配置。这也是农户在进行粮食经营规模选择时的动机，其中利润最大化和资源的最优化都是指非农和农业两个方面的最优组合，而不是仅仅考虑农业或者是某个具体品种的生产。

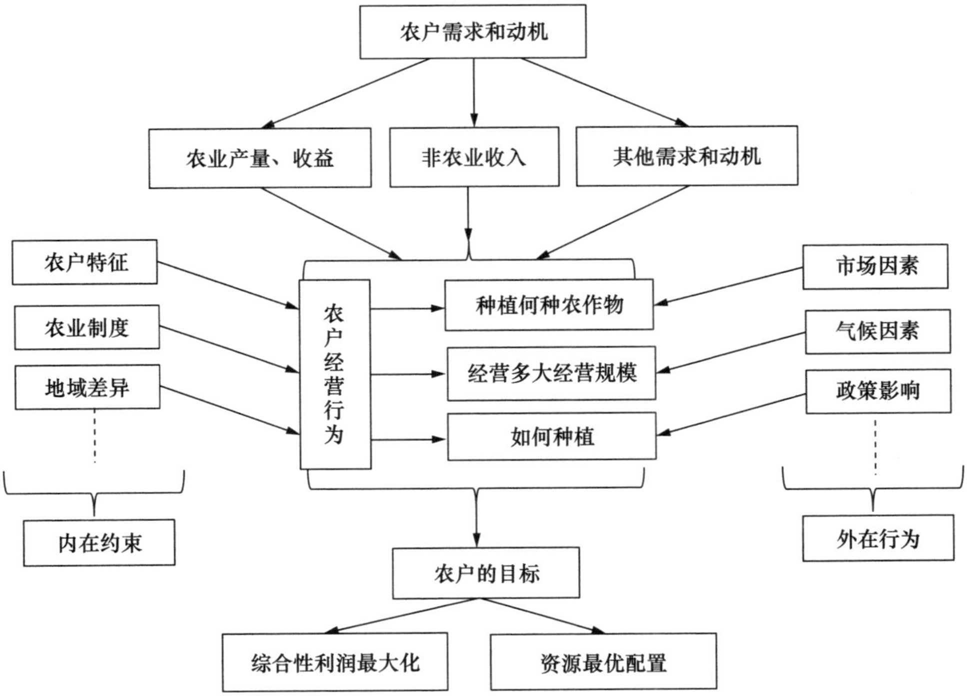

图5－1 农户粮食经营规模选择的行为机制原理

二、河北玉米经营规模选择的影响因素及统计描述

（一）河北玉米经营规模选择的影响因素

不同国家之间的粮食经营规模有很大的差异性，如日本、韩国和印度的粮食经营规模为15公顷左右，泰国的平均经营规模为23公顷左右，而在中国，粮食的经营规模只有0.4公顷（Fan et al.，2005），且不同地区、不同品种的经营规模存在着很大的不同。

从农户角度看，虽然农户的耕地面积是按照人口分配的，但是近几年，农户的粮食经营规模呈现差异化的特征，主要有两个原因：一是土地流转政策的出台使得土地的流转成为可能，而且越来越普遍；二是受粮食价格和农业外收入等因素的影响，农户会选择增加或减少某种粮食作物的种植面积。

粮食经营规模的变化受很多因素的影响，既包括土地的质量、历史因素、政策原因（Dillon & Hardaker，1980），还包括经济因素和气候因素等。张明杨等（2015）利用省级的动态面板数据研究了玉米经营规模决策的影响因素，其研究发现影响农户玉米经营规模决策的最主要因素是农户对玉米未来相对净收益的预期，同时还包括农户前期的决策以及替代产品的价格等。具体来看，滞后一期的玉米种植比例（玉米种植面积/农户总播种面积）对当期的玉米经营规模选择有显著的正向影响，即上一期的玉米种植比例越高，则当期的玉米经营规模也越大；预期玉米价格对玉米经营规模选择也具有显著的正向影响，即农户对玉米的预期价格越高，则玉米的经营规模会越大。

卢宪英等（2009）基于农户的调查数据，对农户玉米经营规模的影响因素进行了分析，作者从内生因素和外生因素两个层面分别考虑了户主的特征（年龄、教育年限）、家庭劳动力、价格因素和农户社会网络发育等因素对于农户玉米经

营规模的影响。其调查数据分布在山东、山西和陕西三个省，共有 466 个农户，且该数据形式是截面数据。研究结果发现，玉米的价格越高，玉米经营规模扩大的意愿越强；农户的年龄越大，受教育程度越低，则农户越倾向于种植玉米等传统的粮食作物。

现有的关于玉米经营规模选择的研究的使用数据主要是省级数据和截面的农户数据，不能精确地反映农户的决策行为，而且在对农户最优选择时，作者只考虑了农户的农业方面的影响因素，然而，在当前的我国背景下，农户对于种植规模选择的决策往往是一个综合的考虑，意味着农户在对某种作物种植规模选择时既考虑农业的收益，也考虑非农业的收益，通过多方面、多因素的考虑进而做出一个综合性的种植决策行为。

基于粮食经营规模选择的相关文献和中国的实际情况，本书将玉米经营规模的驱动力分为四个方面，分别是政策因素、农户特征、经济因素以及气候因素，具体解释如下：

政策因素：在现有经济形势下，中央政府连续出台大量相关政策鼓励扩大经营规模，鼓励更多的经营主体（家庭农场、种粮大户、合作社以及农业企业等）参与粮食种植，政策因素对于粮食经营规模的变化起到了重要作用，很多学者也认为政策因素是影响粮食经营规模变化的一个重要驱动力。本书将政策因素作为实证变量，研究粮食经营规模相关政策的出台对于粮食经营规模变化的影响。除了相关的文件政策，政府对于农户的补贴也是重要的政策驱动力，现有文献中，很少有研究补贴和粮食经营规模之间的关系，本书将实证地验证政策的出台和补贴对于玉米经营规模选择的影响。

农户特征：这也是影响农户扩大粮食经营规模决策的一个重要驱动力，包括农户的年龄、农户的教育水平、农户的性别、外出农业收入、其他种植作物的农业收入等，这些与农户特征相关的变量都会影响农户的决策，进而影响粮食经营规模的变动。

经济因素：主要包括农业市场的完善程度、粮食的价格等因素。很多研究认为，经济因素，尤其是市场价格才是影响农户进行玉米经营规模选择的最直接驱动力，因为玉米和其他替代作物的市场价格能够影响农户对于种植玉米净收益的预期，进而影响农户玉米经营规模的决策。

气候因素：近年来，气候因素成为人们研究的热点，学者认为气候变化、气候波动以及极端天气等相关气候因素都会影响农户对作物经营规模的选择，农户会通过改变经营作物的规模来应对气候变化，而且不同经营规模的农户对于气候变化的感知程度或者调整幅度也可能不同，进而导致了农户对于气候变化的适应性不同，本书主要研究温度、降雨量两个气候变量对于农户玉米经营规模选择的影响。

根据以上理论和数据的可获取性，本书总共选择了能反映政策因素、农户特征、经济因素和气候因素的多个相关的变量，表 5 - 1 详列了变量的含义、计算方法以及数据的来源等。

表 5 - 1　变量含义、计算方法以及数据来源

变量名	变量含义	数据来源
因变量		
玉米种植比例	玉米种植面积/农户总耕地面积	农业部农村固定观察点调研数据
政策因素		
补贴	农户从政府获得的农业补贴的金额	农业部农村固定观察点调研数据
政策虚拟变量	若该年的中央“一号文件”中提及“粮食经营规模”，将该年变量值设定为 1	根据历年中央“一号文件”整理（2003 ~ 2010 年）
农户特征		
户主教育水平	户主上学的年限	农业部农村固定观察点调研数据
家庭规模	农户家庭人口数量	农业部农村固定观察点调研数据
外出务工收入	农户外出务工的收入（按人口汇总）	农业部农村固定观察点调研数据
家庭类型	指核心家庭、直系家庭或者扩展家庭等	农业部农村固定观察点调研数据
经济因素		
河北玉米生产价格指数	以玉米的收购价格为基础，以 2002 年的价格为基期	统计局历年统计年鉴（2003 ~ 2010 年）

续表

变量名	变量含义	数据来源
河北大豆生产价格指数	以大豆的收购价格为基础，以 2002 年的价格为基期	统计局历年统计年鉴（2003 ~ 2010 年）
河北棉花生产价格指数	以棉花的收购价格为基础，以 2002 年的价格为基期	统计局历年统计年鉴（2003 ~ 2010 年）
气候因素		
生长期温度	生长期每天温度的平均	国家气象局
生长期降雨量	生长期每天降雨的汇总	国家气象局

注："玉米种植比例"的变动反映的是农户玉米经营规模选择的变动；核心家庭 =1、直系家庭 =2、扩展家庭 =3、不完全家庭 =4、其他 =5。

（二）影响因素的统计描述

表 5 -2 是河北玉米种植比例的影响因素和自变量的统计描述，统计描述中主要包括了变量的观察值、均值、标准差以及最大、最小值。河北玉米的平均种植面积是 3. 92 亩，玉米种植面积的标准差为 2. 52，说明不同地区和不同年份之间存在一定的差异，该地区最小的玉米种植面积为 0 亩，最高的玉米种植面积为 20 亩。玉米的种植面积占该农户所有可耕种面积的比例平均为 0. 44。

表 5 -2　粮食经营规模影响因素变量统计描述

变量名	观察值	均值	标准差	最小值	最大值
自变量					
玉米种植比例（%）	4510	0. 441	0. 231	0. 000	1. 400
玉米种植面积（亩）	4510	3. 921	2. 521	0. 000	20. 000
政策因素					
补贴（元）	4510	388. 930	654. 640	0. 000	24425
政策虚拟变量	4510	0. 710	0. 450	0. 000	1. 000
农户特征					
户主教育水平（年）	4510	6. 771	2. 621	0. 000	19. 000

续表

变量名	观察值	均值	标准差	最小值	最大值
家庭规模（人）	4510	3.540	1.510	1	9
家庭类型	4510	1.680	1.430	1	5
外出务工收入（元）	4510	5797.87	10873.0	0.000	300000
经济因素					
河北玉米生产价格指数	4510	103.383	15.995	111.240	158.700
河北棉花生产价格指数	4510	107.581	10.605	85.700	119.890
河北大豆生产价格指数	4510	143.084	22.558	116.490	176.810
气候因素					
生长期温度（℃）	4510	23.470	2.420	18.750	26.580
生长期降雨量（毫米）	4510	310.870	98.550	129.100	615.200

在政策因素中，河北户均获得的补贴金额为388.93元，补贴的标准差较大（654.64），最大的农户每年获得的补贴多达2.4万元。政策虚拟变量选择的是“一号文件”中提到的粮食经营规模的文件，2003～2010年总共有7年的“一号文件”中涉及粮食经营规模。玉米的单产平均水平为每亩475.50千克，最大的农户每亩的产量能达到1500千克，而最小的每亩单产仅为50千克。

在农户特征中，户主平均接受的教育年限为6.77年，在所有户主中，有的户主未接受过教育，教育年限为0，户主接受的教育年限最高为19年，说明户主接受了19年的教育。河北每户平均家庭成员为3.54人，其中，调查的样本家庭中最多有9人，最少的家庭则只有1人。外出务工收入的平均值为5797.87元，而最多的农户一年的外出收入能达到30万元，从标准差看，不同农户的差异较大。

在经济因素中，河北玉米的生产价格指数平均为130.38，标准差为15.99，说明2003～2010年，河北玉米的生产价格存在一定的波动，河北大豆的平均价格生产指数为143.08，且标准差为22.55，可知大豆价格比河北玉米价格波动更大。在这7年间，河北玉米的生产价格指数最高为158.70，最低的价格指数为

111.240，而河北大豆的生产价格指数最低为116.49，最高为176.81，也能说明大豆的价格相对较高，且波动较大；棉花的价格指数均值是107.58，小于玉米和大豆的价格，且价格在2003～2010年波动相对较小。

在气候因素中，河北玉米生长期①的平均温度为23.47℃，其中最高温度为26.58℃，最低气温为18.75℃。玉米生长期的降水量平均为310.87毫米，最低地区的降雨量仅有129.1毫米，最高地区的降雨量则达到615.2毫米。

从不同的经营规模方面发现，不同规模农户的种植影响因素特征存在一定的差异，首先玉米的种植面积和种植比例，三种规模不同，小规模的玉米种植面积为1.52亩，种植比例为0.41，在三个规模中比例最小，其次是大规模农户的玉米种植比例，大规模农户平均玉米的种植比例为0.45，而玉米的种植面积为6.65亩，玉米种植比例最高的是中规模农户，其种植比例为0.49。

在农业政策方面，大规模农户获得的农业补贴最多，平均每户获得的农业补贴为538.99元，大规模农户补贴的标准差为870.64，说明在大规模农户中，不同农户差异很大，最小的农户仅获得了60元的补贴，而最大的农户获得了2.44万元的补贴。在小规模农户平均每户获得的补贴为250.82元，而中规模的补贴金额为322.76元。在小规模农户中，最小的农户获得的补贴为0元，而最大的农户获得的补贴为4874元，在中规模农户中，最小的农户获得的补贴为10元，而最大的农户获得的补贴为9100元，可见，玉米经营规模越大，则平均获得的补贴相对越多。

在农户特征方面，中规模农户的户主平均受教育水平最高，平均接受教育的年限为7.25年，其次是小规模农户为6.84年，最小的是大规模农户，平均教育年限仅有6.47年。家庭规模数最高的也是中规模农户，平均每户人口数为3.9人，大规模和小规模农户的平均家庭人口分别是3.35人和3.56人。家庭外出平均收入最高的也是中规模农户，中规模农户的外出务工平均收入为6396.04元，其次是大规模农户的外出收入为5718.13元，中规模农户的户均外出收入比小规

① 根据实际的调研情况，河北样本村的玉米生长期从6月初到9月底。

模的高 867.8 元，比大规模农户的家庭外出收入高 677.9 元左右。外出务工收入最高的农户出现在小规模的范围内，且大规模农户的外出收入的标准差较大，说明大规模的不同农户的外出收入差异较大。

总之，中规模农户在农业生产方面的生产能力要弱于大规模和小规模农户，但是中规模农户的外出务工收入却远高于其他两个规模，且中规模农户的玉米种植比例最高，户主的受教育水平最高。大规模农户玉米的生产能力最高，小规模农户的玉米种植比例最低。

表 5－3　分规模的玉米经营规模影响因素统计描述

变量名	观察值	均值	标准差	最小值	最大值
小规模					
因变量					
玉米种植比例（%）	1544	0.410	0.260	0.000	1.400
玉米种植面积（亩）	1544	1.524	0.685	0.000	2.500
政策因素					
补贴（元）	1544	250.821	400.811	0.000	4874.000
政策虚拟变量	1544	0.710	0.450	0.000	1.000
农户特征					
户主教育水平	1544	6.841	2.491	0.000	18.000
家庭规模（人）	1544	3.561	1.401	1.000	9.000
外出务工收入（元）	1544	5528.22	10985.35	0.000	300000
家庭类型	1544	1.450	1.050	1.000	5.000
中规模					
因变量					
玉米种植比例（%）	1008	0.491	0.241	0.008	1.134
玉米种植面积（亩）	1008	3.397	0.491	2.600	4.400
政策因素					
补贴（元）	1008	322.760	383.410	10.000	9100.000
政策虚拟变量	1008	0.710	0.450	0.000	1.000
农户特征					
户主教育水平	1008	7.250	2.510	0.000	19.000

续表

变量名	观察值	均值	标准差	最小值	最大值
家庭规模（人）	1008	3.900	1.340	1.000	9.000
外出务工收入（元）	1008	6396.040	9934.320	0.000	200000.000
家庭类型	1008	1.500	0.990	1.000	5.000
大规模					
因变量					
玉米种植比例（%）	1878	0.451	0.161	0.001	1.058
玉米种植面积（亩）	1878	6.652	2.117	4.500	20.000
政策因素					
补贴（元）	1878	538.990	870.640	60.000	24425.000
政策虚拟变量	1878	0.710	0.450	0.000	1.000
农户特征					
户主教育水平	1878	6.470	2.740	0.000	16.000
家庭规模（人）	1878	3.350	1.630	1.000	9.000
外出务工收入（元）	1878	5718.130	11216.040	0.000	1400000
家庭类型	1878	2.010	1.770	1.000	5.000

注：因不同规模的农户在农户特征变量中存在某些缺失值，在数据处理中，存在趋势变量的农户被删除，故三种规模的样本量存在一定的差异。

三、影响因素相关变量平稳性检验

由于面板数据包含时间变量，所以在对面板数据模型进行估计之前，需要对数据的平稳性进行检验，表5－4使用了两种单位根检验的方法对相关的连续型变量进行检验，一是LLC（Levin－Lin－Chu）单位根检验；二是HT（Harris－Tzavalis）单位根检验。LLC单位根检验报告的是t值，HT单位根检验报告的是统计值，检验结果表明模型中使用的连续型变量在各自的检验标准下都显著地拒绝了变量存在单位根的原假设，即所有检验变量都是零阶平稳的，所以可以将该变量直接用于估计。

对于协整检验，由于本书的数据呈现截面宽而时间短（7 年）的特点，很多研究认为对于时间较短且零阶平稳的数据可以不进行进一步的协整检验，基于此，本书对平稳的变量直接进行了面板数据的估计。

表 5－4　相关变量的单位根检验

变量名	LLC（Levin－Lin－Chu）单位根检验	HT（Harris－Tzavalis）单位根检验	是否平稳
	t 值	统计值	
log（玉米种植面积）	－640.000***	0.384***	是
log（玉米种植比例）	－6100.000***	0.187***	是
log（补贴）	－21.370***	0.455***	是
log（玉米价格）	－46.820***	0.361***	是
log（外出务工收入）	－5600.000***	0.292***	是
生长期温度	－140.000***	－0.283***	是
生长期降雨量	－120.000***	－0.011***	是

注：*** 表示 1% 统计显著性水平；log 代表对变量取对数。

四、不同规模的影响因素效果的差异性检验

本节主要是对不同经营规模中的相关影响因素的影响效果差异性进行验证。在第四章中，根据实证的方法将河北玉米的经营规模划分成了三个层次，在区分不同经验规模分析农户经营规模选择的影响因素之前，需要验证影响因素的变化对三种规模的影响是否不同。如果检验结果证明不同规模对于不同影响因素的效果不同，则从某种程度上说明区分不同规模进行其影响因素的研究具有一定的意

义。本书主要采用的是多元 logit 的方法来验证影响因素对三种规模的影响差异性，如果三种规模的影响因素的差异性大，说明分规模对影响农户玉米经营规模选择的因素进行划分是有必要的。本书假定不同经营规模是一个离散变量，设定为 y，如果是小规模则 $y=1$，如果是中规模则 $y=2$，如果是大规模则 $y=3$，在多元 logit 模型中对不同规模的赋值是没有顺序和大小的。多规模 logit 估计的具体方法如下：

（一）多元 logit 模型的原理

多元 logit 模型与 logit 模型的不同之处是在因变量方面，因变量的值不再是二元，而是可以包括 0，1，2，3，…，m 等多个离散元素的多元变量。因变量中的值没有顺序，即 $1<2<3$ 在因变量中不成立。假设因变量包括三个元素：$y=1$、$y=2$、$y=3$，而且解释变量为 X，且系数为 $\beta^{(1)}$、$\beta^{(2)}$、$\beta^{(3)}$，则 $y=1$、$y=2$、$y=3$ 的概率分布分别是：

$$\Pr(y=1)=\frac{e^{X\beta^{(1)}}}{e^{X\beta^{(1)}}+e^{X\beta^{(2)}}+e^{X\beta^{(3)}}} \tag{5-1}$$

$$\Pr(y=2)=\frac{e^{X\beta^{(2)}}}{e^{X\beta^{(1)}}+e^{X\beta^{(2)}}+e^{X\beta^{(3)}}} \tag{5-2}$$

$$\Pr(y=3)=\frac{e^{X\beta^{(3)}}}{e^{X\beta^{(1)}}+e^{X\beta^{(2)}}+e^{X\beta^{(3)}}} \tag{5-3}$$

对于多元 logit 模型而言，仅依靠以上公式所得到的 $\Pr(y=3)=\Pr(y=2)=\Pr(y=1)$ 的系数 $\beta^{(1)}$、$\beta^{(2)}$、$\beta^{(3)}$ 不是唯一的，因此需要选择将 $\beta^{(1)}$、$\beta^{(2)}$、$\beta^{(3)}$ 中的其中一个设定为 0，选择哪一个系数为零，都可以进行经济学方面的解释。例如，如果设定 $\beta^{(2)}=0$，则意味着 $\beta^{(1)}$、$\beta^{(3)}$ 衡量的是相对于 $y=2$ 的变化，无论选择哪一个系数为零，$\Pr(y=3)=\Pr(y=2)=\Pr(y=1)$ 都是成立的。

具体而言，使用多元 logit 模型验证不同经营规模中农户的经营选择是否因为规模的不同而存在差异，由于多元 logit 模型能够区别不同类别之间的差异，所以本书将进一步通过该方法对不同规模的影响因素的效果进行验证。

（二）不同规模农户的影响因素效果的差异性检验

本书将小规模农户作为参照组，即假设当 $y=1$ 时，在影响因素变化的时候，其他规模农户相对于小规模农户变化的效果差异。从表 5－5 可以看出，当某个影响因素发生变化时，相对于小规模农户而言，其他规模的农户都发生了不同程度的变化，说明不同规模的农户在进行玉米经营规模选择时，不同因素的影响效果存在差异，所以进一步按照不同规模的划分来估计玉米经营规模的选择是合理和必要的。

从不同影响因素的具体效果来看，农业补贴、政策虚拟变量、户主的受教育水平、家庭收入及类型、气候变化等因素对于不同规模农户的影响都不同。例如，农业补贴在第一列和第二列的系数分别是 0.0003 和 0.0016，说明相比于小规模，中规模和大规模的农业补贴分别变化了 0.03% 和 0.16%。需要注意的是，这种变化只意味着以小规模为参照组时，该影响因素变量发生的相对变化，而不是代表影响因素变量对于玉米经营规模选择的影响（具体的不同影响因素对不同规模农户经营规模选择的影响效果，详见本章第五节）。

表 5－5　基于多元 logit 模型的不同规模影响因素效果分析

变量	以小规模农户为参照组	
	相比于小规模、中规模农户的变化	相比于小规模、大规模农户的变化
	log（玉米种植比例）	log（玉米种植比例）
log（农业补贴）	0.001**	0.002***
	(0.000)	(0.000)
农业政策虚拟变量	0.005	0.279***
	(0.109)	(0.098)
户主教育水平	0.059***	−0.041***
	(0.015)	(0.013)
农户家庭类型	−0.023	0.321***
	(0.036)	(0.022)
家庭规模	0.131***	0.076***
	(0.029)	(0.026)

续表

变量	以小规模农户为参照组	
	相比于小规模、中规模农户的变化	相比于小规模、大规模农户的变化
	log（玉米种植比例）	log（玉米种植比例）
log（外出务工收入）	-0.000*** (0.000)	-0.000 (0.000)
L1（log（玉米生产价格指数））	0.001 (0.008)	-0.003 (0.007)
L1（log（大豆生产价格指数））	-0.001 (0.004)	-0.001 (0.004)
L1（log（棉花生产价格指数））	-0.005 (0.005)	-0.009* (0.004)
L1（生长期温度）	0.118*** (0.019)	-0.118*** (0.016)
L1（生长期降雨量）	0.002*** (0.000)	-0.004*** (0.000)
观察值	1008	1878

注：***、**和*分别表示1%、5%和10%统计显著性水平；L1代表滞后一期；log代表对变量取对数；中规模农户和大规模农户样本量的显著差异主要是因为中规模农户中的农户特征相关变量有缺失值，在模型估计时被删减，因而损失了一定的样本量。

表5-5计算了相比于小规模农户，当某个影响因素变化，其他规模农户的系数变化了多少。由于系数的变动无法清晰地反映中规模和大规模农户相对于小规模农户（参照组）变化的比例，所以在表5-6中进一步计算了相对风险比例(Relative-Risk Ratios)。相对风险比例最早应用在医学统计中，主要用于统计两组实验者分别处在特定环境和非特定环境下患病概率的变化比例。应用到本研究中，相对风险比例主要是指相对于小规模、大规模和中规模的某个系数的相对变化比例，比例的值越大，说明两者的差异越大。表5-6中的中规模和大规模农户的系数的比例大部分都大于1，如棉花生产价格指数在中规模农户中的比例是1.125，而农业政策虚拟变量在大规模农户中的比例为1.322，说明相比于小规模，这些系数对中规模和大规模的影响差异很大，因此分规模进行影响因素的效

果估计是可信的。

表 5－6　以小规模为参照组的其他规模相对风险比例

变量	以小规模农户为参照组	
	中规模农户的变化	大规模农户的变化
	log（玉米种植比例）	log（玉米种植比例）
log（农业补贴）	1.000 ***	1.002 ***
农业政策虚拟变量	1.005	1.322
户主教育水平	1.060 ***	0.960 ***
农户家庭类型	0.978	1.378
家庭规模	1.140 ***	1.079 ***
log（外出务工收入）	1.000	1.000
L1（log（玉米生产价格指数））	1.001	0.997
L1（log（大豆生产价格指数））	0.999 ***	0.999 ***
L1（log（棉花生产价格指数））	1.125 ***	0.889 ***
L1（生长期温度）	1.002	0.996
L1（生长期降雨量）	0.995 ***	0.991 ***

注：*** 代表在 1% 置信水平下显著；L1 代表滞后一期；log 代表对变量取对数。

五、玉米经营规模选择模型设定及估计结果

（一）玉米经营规模选择模型设定

玉米经营规模选择的影响因素估计使用的是面板数据模型，面板数据模型具有一定的优势，将截面数据和时间序列相结合能增加样本量和信息量，同时能增加估计的效率，减少多重共线性等问题。近年来，面板数据模型被广泛应用在农

业经济相关的问题研究中，本节使用动态面板数据模型来衡量政策因素、农户特征以及市场因素等对河北农户玉米经营规模的影响。

具体的模型形式如下：

$$\log(S_{ift}) = a_{0it} + X\beta_{1it} + e_{it} \tag{5-4}$$

其中，X 是一个向量，包括 $L1.\log(S_{ift})$、$L1.\log(Sub_{ift})$、$\log(Pdum_{ift})$、edu_{6ft}、$type_{7ft}$、fs_{4ft}、$L1.\log(outin_{9ft})$、$L1.\log(cornpi_{10ft})$、$L1.\log(soypi_{11ft})$、$L1.\log(cottonpi_{11ft})$、$L1.\log(Tem_{12ft})$、$L1.\log(RF_{13ft})$。

式中的 S_{ift} 是玉米的种植比例。卢宪英等（2009）和 Chomitz 等（1996）都使用的是玉米的种植比例来衡量农户玉米经营规模的选择，因为种植比例的变化在一定程度上能反映农户对玉米经营规模的选择行为，其中有一个假设条件是在短期内，在我国的农业制度下，农户所拥有的耕地面积是几乎不变的。$L1$ 代表变量滞后一期，log 代表对变量取对数。$L1.\log(S_{ift})$ 是前一期的玉米种植比例，因为农户当期玉米经营规模的选择会考虑上一期的玉米经营规模。$L1.\log(Sub_{ift})$ 是农户上一期获得的农业补贴，因为对农户而言，当期的补贴通常在种植之前不会得到，而农户对当年玉米经营规模的决策会根据上年补贴来进行预期，因此模型中主要加入的是上一期的农业补贴。edu、$type$ 和 fs 分别是户主的受教育水平、家庭的类型以及家庭规模。而 $L1.\log(outin)$ 是上一期家庭外出的务工收入，预期上一期外出务工收入对当期玉米经营规模选择有影响。$cornpi$、$soypi$、$cottonpi$ 分别代表玉米的价格指数、大豆的价格指数和棉花的价格指数，玉米价格对玉米经营规模选择有一定影响，因为玉米价格高，种植玉米的预期收益会提高，所以会提高农户种植的积极性，因而农户更倾向于扩大玉米的经营规模，本书还选择了加入大豆和棉花的价格指数，因为在河北大豆和棉花都与玉米之间存在替代，所以大豆价格的高低会影响农户在种植玉米、大豆或者棉花之间进行选择。Tem、RF 分别是生长期的温度和生长期的降雨量。β_{hift} 中 $h \in (0, 1, 2, 3)$ 则是不同因素的系数向量，i 代表的是农户，f 代表不同的玉米农户的经营规模，t 代表的是年份。

（二）估计方法及估计结果分析

由于模型中涉及了动态变量，即农户在进行玉米经营规模选择决策时会考虑前期的某些因素的影响，所以本书估计使用的是动态面板数据模型的估计方法，其方法基于如下的基本表达公式：

$$y_{it} = \sum_{j=1}^{p} a_j y_{i,t-j} + x_{it}\beta_1 + w_{it}\beta_2 + v_i + \varepsilon_{it} \quad i = 1,\cdots,T_i \tag{5-5}$$

式中，a_j 是要估计的参数；x_{it}是 $1\times k_1$ 向量；β_1 是 $k_1\times1$ 向量；w_{it}是 $1\times k_2$ 的前置和内生向量；β_2 是 $k_2\times1$ 向量；v_i 是面板水平的效果；ε_{it}是整个样本的残差，符合 *i. i. d* 分布，且变异是 σ_ε^2。v_i，ε_{it}都假定为每个 i 在时间 t 是相互独立的。

在要估计的动态面板数据中，加入了因变量的滞后项后，会造成滞后项和不可观察的面板固定效果 v_i 之间存在相关性，如果用一般的估计方法则会产生偏差。由于本书的面板数据呈现“长面板、短时间”的特点，所以可以使用 Arellano－Bond 方法进行估计，Arellano－Bond 方法的原理是构建一阶差分来移除面板水平效果，并且使用工具变量来创建矩条件（Moment Conditions）。

Blundell 和 Bond（1998）的研究发现，如果自回归过程持续或者面板水平效果变异与残差项的比值较大，则 Arellano－Bond 估计的滞后工具变量变得相对较弱，基于 Arellano 和 Bover（1995）、Blundell 和 Bond（1998）的研究，Blundell 和 Bond（1998）提出了使用矩条件的系统估计方法，该方法使用滞后差分项作为水平方程的工具变量，并使用滞后水平的矩条件作为差分方程的工具变量。只有当初始条件 $E[\nu_i \Delta y_{i2}]=0$ 时，附加的矩条件才是有效的（Blundell & Bond，1998；Blundell et al.，2000）。

本书基于式（5－5），利用矩条件的系统估计方法（GMM System）对模型进行了估计，并且对模型中加入了二期的自回归，同时使用的是两阶段的估计方法，根据不同的玉米经营规模，对玉米经营规模的影响因素分别进行估计。

动态面板数据模型具有很多优点，既包括能去除滞后项和不可观察的面板固定效果相关性的偏差，又包括能很好控制其他因素的影响，可以将不可观测的因素控制在固定效果中。对不可观测变量的控制能够较可靠地得出估计变量对于河北农户玉米经营规模选择的影响。

从农户种植决策的角度，农户对于当年粮食经营规模的选择，很多情况下是根据上一期的影响因素的维度来决定。例如，农户对当期玉米的经营规模的选择会参考前一期玉米的种植面积（种植比例）（张忠明，2008），同时，上一期玉米的价格或替代作物的价格大小也会影响农户对于玉米粮食经营规模的选择。此外，前期的非农业因素，如农户的外出收入、气候因素等都会对农户的玉米经营规模选择决策产生影响。总之农户对于玉米经营规模的选择是多种因素综合作用的结果。

表5－7呈现了玉米经营规模影响因素的估计结果，从系数可以看出，上期的玉米种植比例对于农户当期玉米经营规模的选择（用当期玉米的种植比例来衡量，参考的是 Chomitz 等（1996）的论文）有重要影响，即上期农户玉米种植比例较大，则农户可能更倾向于扩大玉米的经营规模；从不同规模来看，大规模农户受上期玉米种植比例的影响最大，其次是小规模农户，而中规模农户受上期玉米种植比例的影响最小。根据河北的调研情况，农户对于当年玉米经营规模的选择主要是根据上年的经营规模决定的，短期内农户的经营规模不会大幅度地提高和降低。

在政策因素方面，整体而言，农业补贴对中规模和大规模农户的玉米经营规模选择都具有显著的正向影响，即补贴越高农户越倾向于扩大玉米的经营规模。农业补贴和农业政策对小规模农户的玉米经营规模的选择具有负向影响，补贴金额增加1%则会导致中规模和大规模的玉米种植比例分别增加1.3%和0.4%，而使小规模农户的玉米种植比例降低1.1%，意味着农业补贴能提高中规模和大规模玉米经营规模的选择意愿，但是不能提高小规模农户的玉米种植意愿。根据河北调研的实地经验，补贴的增加导致小规模农户玉米经营规模选择意愿的降低，主要是因为小规模农户认为补贴的增加不能显著提高农户的收益，进而转向种植其他作物，如蔬菜、药材等，也进一步证实了农业补贴应该向规模经营倾斜的提议（韩长赋，2014[①]），即补贴的增加能鼓励玉米种植规模较大的农户提高玉米种植的积极性。农业政策变量对大、中、小规模农户的玉米经营规模有正向的影响，相关的政策虚拟变量对中规模农户的影响最大，其次是对大规模农户的影响，而对小规模农户的影响最小。

在农户特征方面，不同农户特征变量对不同规模农户的影响有很大差异。其中，农户的教育年限对小规模和大规模农户都有正向影响，而对中规模农户有负向影响。户主受教育水平越高，则小规模和大规模的农户则越倾向扩大玉米的经营规模，因为对于大规模农户而言，受教育程度越高的农户往往更会种地，且规模越大则规模效益越明显，因此扩大经营规模会带来显著收益的提高。对于小规模农户而言，受教育水平较高的农户可能更倾向于外出打工，玉米相比于其他作物需要投入的劳动力较少，因此小规模农户则倾向于提高玉米的经营规模，而获得更多精力和时间外出务工。对于中规模农户，则受教育水平越高，农户玉米的经营规模选择意愿越低，可能由于中规模农户的玉米生产能力相对较低，且规模的变动更灵活，因此受教育水平越高的中规模农户会综合考虑，更倾向于外出务工或者种植其他作物来获得利润的最大化。农户家庭类型对玉米经营规模的影响不显著。

家庭规模对大规模农户的玉米经营规模的选择有显著影响，即家庭人口越多，则大规模农户越趋于扩大玉米的经营规模，主要是因为河北玉米的种植还主要是家庭劳动力，人口越多，扩大经营规模后的规模效益越明显（许庆等，2011），所以收益会更可观。外出务工对农户玉米经营规模选择的意愿有显著的负向影响，即外出务工收入越高，则农户扩大玉米经营规模的意愿越弱，这主要是因为外出务工的农户把大部分劳动力都投入到了外出打工中，很难兼顾玉米的种植，尤其是在玉米秋收季节，往往是用工的高峰期，种植玉米的农户返乡秋收成本较高，甚至要重新找工作[②]，而且相较而言，外出务工的收入更高，因此农

① http://www.ce.cn/xwzx/gnsz/gdxw/201403/06/t20140306_2429697.shtml.

② http://heb.hebei.com.cn/xwzx/hbpd/hd/lzh/201009/t20100928_2242331.shtml.

户会倾向于减少玉米的经营规模。农户外出收入增加 1%，则小规模、中规模和大规模农户的玉米种植比例将分别减少 0.15%、0.13% 和 0.17%。

表 5－7　玉米经营规模影响因素估计结果

变量	log（玉米种植比例）	log（玉米种植比例）	log（玉米种植比例）
	小规模	中规模	大规模
	模型 1	模型 2	模型 3
L1（log（玉米种植比例））	0.279*** (0.034)	0.205*** (0.030)	0.302*** (0.039)
政策因素			
log（农业补贴）	−0.011*** (0.003)	0.013*** (0.003)	0.005*** (0.001)
农业政策虚拟变量	0.015*** (0.004)	0.036*** (0.004)	0.016*** (0.003)
农户特征			
户主教育水平	0.004** (0.002)	−0.004*** (0.002)	0.004*** (0.001)
农户家庭类型	−0.017*** (0.006)	0.004 (0.003)	−0.002 (0.002)
家庭规模	0.002 (0.005)	0.003 (0.004)	0.007** (0.003)
log（外出务工收入）	−0.002* (0.000)	−0.001* (0.000)	−0.002*** (0.000)
经济因素			
L1（log（玉米生产价格指数））	0.002*** (0.000)	0.002*** (0.000)	0.002*** (0.000)
L1（log（大豆生产价格指数））	−0.002*** (0.000)	−0.003*** (0.002)	−0.002*** (0.001)
L1（log（棉花生产价格指数））	0.001 (0.001)	−0.002** (0.001)	−0.003*** (0.001)
气候因素			
L1（生长期温度）	−0.012** (0.005)	−0.042*** (0.005)	−0.011*** (0.003)

续表

变量	log（玉米种植比例）	log（玉米种植比例）	log（玉米种植比例）
	小规模	中规模	大规模
	模型 1	模型 2	模型 3
L1（生长期降雨量）	0.001 （0.000）	-0.001 （0.000）	0.002 *** （0.000）
常数项	0.333 * （0.183）	0.950 *** （0.146）	-0.112 （0.128）
Wald 卡方值	237.080 ***	225.26 ***	267.22 ***
观察值	1544	1008	1878
村级固定效果	是	是	是
时间固定效果	否	否	否

注：***、**和*分别表示1%、5%和10%统计显著性水平；括号里是标准误差；L1 代表滞后一期；log 代表对变量取对数。

在经济因素方面，主要选择的是河北玉米生产价格指数和河北的大豆、棉花生产价格指数，玉米生产价格指数反映的是玉米的价格变动趋势，能直接影响农户对玉米收益的预期，进而影响农户对玉米经营规模选择的决策（张明杨等，2015），而选择大豆和棉花的生产价格指数是因为在河北玉米和大豆（棉花）之间存在替代，大豆（棉花）和玉米的相对价格的高低也会使农户在种植玉米和大豆（棉花）之间进行决策，进而影响农户的玉米经营规模的选择。从结果看，玉米的生产价格指数对玉米的种植比例具有正向的影响，即玉米的价格越高，农户越倾向扩大经营规模。其中，中规模农户的玉米价格对玉米经营规模的选择的弹性最高，其次是小规模农户，弹性最小的是大规模农户，可能的原因是大规模农户改变玉米经营规模的成本比较高（董秀茹等，2014），而中规模农户改变玉米经营规模相对灵活，因此中规模农户会根据玉米价格的改变灵活地调整玉米的经营规模，而大规模农户玉米经营规模改变幅度有限。

大豆生产价格指数对玉米种植比例有显著的负向影响，即大豆生产价格越高，农户越不愿意扩大玉米经营规模。类似的，仍然是中规模农户对大豆生产价格指数的弹性最高，其次是小规模和中规模的农户，大豆生产价格指数每提高1%，则会使大、中和小规模农户的玉米种植比例分别降低0.22%、0.28%和0.15%。大豆生产价格指数对中规模农户经营规模选择的弹性最大也与中规模农户经营规模变动灵活有关。棉花生产价格指数对小规模农户的玉米经营规模选择没有显著影响，而对中规模和大规模农户的影响显著，其中对大规模的负向影响最大，在河北，对于小规模农户而言，主要是在玉米和大豆两个品种之间进行替代，因为棉花种植的规模通常较大。无论是玉米生产价格指数还是大豆生产价格指数，模型中使用的是滞后一期的价格，是因为农户在进行玉米经营规模决策时，只能根据前一期或前几期的价格进行预期，进而做出相关的决策。

在气候因素方面，主要选择的是农民能感知的气候因素变量，包括生长期的平均温度和生长期的降雨量。由于农户对当期玉米经营规模的选择也主要是根据滞后期的气候情况，所以在模型中使用的是滞后一期的温度和降雨量。从结果可知，不同规模农户对温度的反应较显著，意味着如果前一年当地生长期温度较高，则农户会减少当期玉米生产的经营规模，而且仍是中规模农户对温度的反应最敏感，温度提高1℃将会使中规模农户的玉米种植比例降低4%，使小规模农户和大规模农户的种植比例分别降低1.2%和1.1%，同样可能与中规模农户规模调整较灵活有关，而大规模农户对温度的反应最小，则与大规模农户改变玉米经营规模成本相对较高有关。生长期的降雨量对农户玉米种植比例影响很小，在三个不同规模农户中，生长期的降雨量仅对大规模农户具有显著影响，但是系数非常小，仅有0.0001，说明降雨量对玉米经营规模的影响可以忽略不计，主要是因为在河北的调研样本中，大部分农户的玉米都是灌溉类型玉米，所以降雨量不会影响农户对玉米经营规模的选择。

进一步，基于估计的系数测算了主要影响因素的弹性，从表5-8可以看出，大部分变量的弹性仍然是中规模的最大，说明中规模对于影响因素的反应相对于其他规模更敏感。从单个变量角度看，外出务工、农业补贴等措施对于农户玉米经营规模的选择都有显著的影响，所以外出务工等非农业因素以及国家的相关政策补贴对农户玉米生产有重要影响。温度对农户玉米经营规模的选择影响也较大，所以应该从应对极端天气的方面提高农户种植玉米的积极性。

表 5-8　各主要影响因素的弹性

变量名称	小规模农户	中规模农户	大规模农户
政策因素			
农业补贴	-0.074***	0.095***	0.048***
农户特征			
户主教育水平	0.011***	-0.004***	0.010***
农户家庭类型	-0.022**	0.018	0.004
家庭规模	0.020***	0.003**	0.027***
外出务工收入	-0.029*	-0.015*	-0.007**
经济因素			
玉米生产价格指数	0.006**	0.013**	0.011**
大豆生产价格指数	-0.007**	-0.008*	-0.006**
棉花生产价格指数	0.002	-0.005**	-0.008**
气候因素			
生长期温度	-0.048**	-0.100**	-0.019**
生长期降雨量	0.007	0.001	0.003*

注：***、**和*分别表示1%、5%和10%统计显著性水平。

六、模型结果的稳健性检验

为了进一步说明模型结果的稳健性，本节对模型估计中的序列相关和矩估计的有效性进行了进一步检验，并且在模型中加入不同的估计方法来验证模型系数的稳健性，估计方法包括自回归一阶段的系统矩估计（GMM System）和一阶段的系统矩估计（GMM System）。

为了检验序列相关和矩估计，使用Arellano-Bond检验，Arellano-Bond检验主要是验证一阶差分的误差项是否是序列相关，而矩条件只有在误差项没有自相关的情况下才是有效的。具体从结果看，一阶差分的残差项拒绝了没有自相关的原假设，说明独立恒等的误差项的一阶差分是存在自相关的，但是这不能说明模型是错误识别的（Misspecified），因此进一步对二阶差分进行验证，结果表明二阶差分的误差项不能拒绝没有自相关的原假设，意味着矩条件并不是无效的，即可以使用该模型的方法和工具变量进行估计，模型结果具有可信性（见表5－9）。

表5－9　Arellano－Bond二阶误差项自相关检验

模型	差分	Z值	概率	是否存在自相关
模型1	一阶差分	-5.020^{***}	0.000	存在
	二阶差分	1.390	0.160	不存在
模型2	一阶差分	-4.5277^{***}	0.000	存在
	二阶差分	2.210	0.120	不存在
模型3	一阶差分	-3.827^{***}	0.000	存在
	二阶差分	1.570	0.120	不存在

注：原假设是一阶误差项不存在自相关，*** 表示1%统计显著性水平。

为了进一步验证估计因素系数的稳健性，分别用一阶段系统矩估计方法来替代两阶段广义矩估计以及用自回归一期（AR（1））来替代自回归二期（AR（2））。模型的回归结果如表5－10和表5－11所示。

表5－10　玉米经营规模影响因素稳健性检验——一阶段方法

变量	log（玉米种植比例）	log（玉米种植比例）	log（玉米种植比例）
	小规模	中规模	大规模
	模型1	模型2	模型3
L1（log（玉米种植比例））	0.317^{***} （0.039）	0.202^{***} （0.045）	0.260^{***} （0.038）
政策因素			
log（农业补贴）	-0.007^{*} （0.004）	0.013^{***} （0.005）	0.007^{***} （0.002）

续表

变量	log（玉米种植比例）	log（玉米种植比例）	log（玉米种植比例）
	小规模	中规模	大规模
	模型 1	模型 2	模型 3
农业政策虚拟变量	0.015 *** (0.005)	0.035 *** (0.006)	0.022 *** (0.005)
农户特征			
户主教育水平	0.003 * (0.002)	-0.002 (0.002)	0.003 * (0.002)
农户家庭类型	0.005 (0.006)	-0.000 (0.005)	0.004 (0.005)
家庭规模	-0.008 (0.007)	0.006 (0.005)	-0.002 (0.003)
log（外出务工收入）	-0.002 (0.001)	-0.001 (0.001)	0.000 (0.001)
经济因素			
L1（log（玉米生产价格指数））	0.002 *** (0.000)	0.003 *** (0.001)	0.002 *** (0.000)
L1（log（大豆生产价格指数））	-0.002 *** (0.000)	-0.003 *** (0.000)	-0.002 *** (0.000)
L1（log（棉花生产价格指数））	0.001 (0.001)	-0.002 ** (0.001)	-0.003 *** (0.001)
气候因素			
L1（生长期温度）	-0.012 ** (0.006)	-0.039 *** (0.006)	-0.008 * (0.004)
L1（生长期降雨量）	0.001 (0.000)	-0.001 (0.000)	0.002 *** (0.000)
常数项	0.251 (0.225)	0.922 *** (0.218)	-0.094 (0.175)
Wald 卡方值	237.080 ***	225.260 ***	267.220 ***
观察值	1544	1008	1878
村级固定效果	是	是	是
时间固定效果	否	否	否

注：***、** 和 * 分别表示 1%、5% 和 10% 统计显著性水平；括号里是标准误差。

表5－10与主要的回归结果进行比较，发现利用一阶段的矩估计方法，模型中不同规模的相关变量的系数符号仍然与主要回归结果一致，只是有一部分结果系数的维度发生了细微的变动。中规模农户的相关变量系数仍然高于其他两个规模，也能反映出中规模种植面积调整的灵活性和敏感性。

表5－11　玉米经营规模影响因素稳健性检验——一期自回归

变量	log（玉米种植比例）	log（玉米种植比例）	log（玉米种植比例）
	小规模	中规模	大规模
	模型1	模型2	模型3
L1（log（玉米种植比例））	0.317*** (0.038)	0.202*** (0.045)	0.260*** (0.038)
政策因素			
log（农业补贴）	−0.007* (0.004)	0.013*** (0.005)	0.006*** (0.002)
农业政策虚拟变量	0.015*** (0.005)	0.035*** (0.006)	0.022*** (0.005)
农户特征			
户主教育水平	0.003* (0.002)	−0.002 (0.002)	0.003* (0.002)
农户家庭类型	0.005 (0.006)	−0.001 (0.005)	0.004 (0.005)
家庭规模	−0.008 (0.007)	0.006 (0.005)	−0.002 (0.003)
log（外出务工收入）	−0.002 (0.001)	−0.001 (0.001)	−0.000 (0.001)
经济因素			
L1（log（玉米生产价格指数））	0.002*** (0.000)	0.003*** (0.001)	0.002*** (0.000)
L1（log（大豆生产价格指数））	−0.002*** (0.000)	−0.003*** (0.000)	−0.002*** (0.000)
L1（log（棉花生产价格指数））	0.001 (0.001)	−0.002** (0.001)	−0.003*** (0.001)

续表

变量	log（玉米种植比例）	log（玉米种植比例）	log（玉米种植比例）
	小规模	中规模	大规模
	模型 1	模型 2	模型 3
气候因素			
L1（生长期温度）	-0.012 **	-0.039 ***	-0.008 *
	(0.006)	(0.006)	(0.004)
L1（生长期降雨量）	0.001	-0.001	0.002 ***
	(0.000)	(0.000)	(0.000)
常数项	0.251	0.922 ***	-0.094
	(0.225)	(0.218)	(0.175)
Wald 卡方值	237.080 ***	225.26 ***	267.22 ***
观察值	1544	1008	1878
村级固定效果	是	是	是
时间固定效果	否	否	否

注：***、** 和 * 分别代表在 1%、5% 和 10% 水平下显著；括号里是标准误差。

表 5-11 中使用自回归一期的矩估计方法，结果与表 5-7 和主要的分析结果类似，在农户特征变量上，有些系数变得不再显著，但是系数的大小只是发生了较微小的变化，说明采用不同的估计方法，没有从根本上改变相关影响因素的系数符号和维度，也进一步证实了估计结果的稳健性和可信性。

七、小结

根据粮食生产经营理论和河北玉米农户的实际情况，河北玉米的经营规模的驱动力主要分为四个方面，分别是政策因素、农户特征、经济因素以及气候因素。通过对不同规模相关变量的统计描述发现，河北农户的玉米平均经营规模为 3.92 亩，玉米的种植面积占该农户所有可耕种面积比例的 0.44，平均农户获得的补贴金额为388.93元，户主的受教育年限平均为6.77年。近几年，河北玉米的价格存在一定的波动，但是波动不大。河北玉米生长期的平均温度为23.47℃，其中最高温度为26.58℃，最低气温为18.75℃。生长期的雨量平均为310.87毫米。

从不同规模角度看，中规模农户的农业生产能力要低于大规模和小规模农户，但是中规模农户的外出务工收入却要远高于其他两个规模，且中规模农户的玉米种植比例最高、户主的教育年限最高。大规模农户的单产水平最高，小规模农户的单产水平次之，但玉米的种植比例最低。在农业政策方面，大规模农户获得的农业补贴最大。

本章使用的是动态面板数据模型来估计影响河北玉米经营规模选择的驱动力，面板数据具有角度优点，能提高模型估计的效率和精度，选择动态面板模型是因为农户对于当期玉米经营规模的抉择，主要是基于前期的相关影响因素的变化。对面板数据模型进行估计之前，对数据的平稳性进行检验，结果表明相关变量是零阶平稳的。模型的估计采用的是矩条件的系统估计方法（GMM System），并采用两阶段模型。

估计结果表明，农业补贴对中规模和大规模农户都具有显著的正向影响，而对小规模具有负向影响，补贴金额增加1%，则会使中规模和大规模农户的玉米种植比例（用于衡量玉米的经营规模选择）分别增加1.3%和0.4%；农业政策变量对大、中、小规模农业的玉米经营规模具有正向的影响，且对中规模农户的影响最大，对小规模的影响则最小。

在农户特征方面，户主受教育水平越高，则小规模和大规模的农户越倾向扩大玉米经营规模，而对于中规模，则受教育水平越高，农户玉米经营规模选择的意愿越低。玉米的生产价格对玉米的种植比例具有正向的影响，即玉米的价格越高，农户玉米种植比例越高，其中，中规模农户对玉米生产价格的弹性最高，其次是小规模农户，弹性最小的是大规模农户，可能是大规模农户改变玉米种植面积的成本较高，而中规模农户改变玉米种植面积相对灵活。大豆生产价格对玉米经营规模有显著的负向影响，中规模对大豆生产价格最敏感，其次是小规模农户，大豆生产价格提高1%，则会使大、中、小规模农户的玉米经营规模分别降低0.22%、0.28%和0.15%。棉花对玉米经营规模也呈现负向影响，主要体现在中规模和大规模农户上。

在气候因素方面，中规模农户对温度的反应较敏感，温度提高1℃将会使中规模农户的玉米经营规模降低4%，使小规模农户和大规模农户的经营规模降低1.2%和1.1%。生长期的降雨量对农户玉米经营规模的影响很小，主要是因为河北的玉米是灌溉型玉米。

本章对模型估计中的序列相关和矩估计的有效性进行了进一步检验，并且使用不同的估计方法来验证模型系数的稳健性，估计方法包括自回归一阶段的系统矩估计（GMM System）和一阶段的系统矩估计（GMM System），结果表明，各变量的系数变动不大，证明估计结果具有一定的稳健性和可信性。

第六章　不同玉米经营规模农户的效率研究

对于经营规模和效率之间的关系一直是农业经济学探究的热点（李谷成等，2009）。本章主要从效率的角度，实证地研究不同经营规模的效率问题，为进一步地探索最优的经营规模提供一定的参考。本章分为五个部分来研究不同经营规模的效率问题，第一部分是数据的统计描述，第二部分是利用随机前沿生产函数研究不同经营规模农户的技术效率，第三部分利用土地使用模型来实证分析玉米的经营规模和技术效率之间的关系，第四部分则分析了不同玉米经营规模下农户的生产成本、产出率和现金收益，第五部分是小结。

在农业生产中，效率主要是指投入到农业生产中的各种要素，能够充分发挥潜力，以获得最大的经济效益。技术效率则是指在相同的投入下，实际的每单位生产产出与理想的最大可能性产出的比率（Leibenstein，1966）。在研究效率的文献中，很多学者认为生产的无效率几乎是一种规律而不是一种例外（Battese，1992），也就意味着几乎所有的生产都存在着无效率，而生产的完全有效率在实际生产中是不可能实现的。技术的无效率能增加生产的成本，使农户的生产没有竞争力，研究玉米农户不同经营规模的技术效率以及效率和经营规模之间的关系，对保证农户稳定、高效率生产，降低无效率产生的成本具有一定意义（Antonio Alvarez & Carlos Arias，2004）。

此外，本章还分析了不同规模农户玉米的生产成本、现金收益以及产出率等，生产成本和现金收益的计算主要参考的是国家发展和改革委员会价格司编著的《全国农产品成本收益资料汇编》，具体的定义和计算方法请参见第二章的概念界定，因为数据中没有涉及土地价格，所以本节未对玉米的总成本进行核算，生产成本和现金收益分别反映的是农户要素和资源的消耗以及农户的实际收益（《全国农产品成本收益资料汇编》，2014）。

一、数据的统计描述

本章使用的数据与第五章的数据一致，农户数量和样本量相同，具体的农户特征请参见表5－2，本节主要将投入要素相关变量进行了统计描述（见表6－1）。从农户特征方面看（见表5－2），河北被调查农户的平均教育年限是6.77年，稍高于小学教育水平，外出务工的平均收入是5797.87元，玉米的平均经营规模是3.92亩，玉米种植的比例占所有粮食作物种植面积的0.44。从投入角度看，

表6－1　相关农户特征变量的统计描述

名称	单位	均值	标准差	最小值	最大值
投入要素					
种子投入	元/年	79.028	74.591	0	900.000
化肥投入	元/年	297.841	241.762	0	3500.000
农药投入	元/年	25.878	39.091	0	450.000
灌溉电费投入	元/年	58.615	101.812	0	1500.000
固定资产投入	元/年	23.052	63.971	0	1020.000
劳动力投入	日/年	46.401	39.462	0	672.000
气候因素					
6月降雨量	毫米	70.956	38.797	48.000	194.200
6月温度	℃	25.490	1.564	21.500	28.600

资料来源：固定观察点调研数据，国家气象局中国气象科学数据共享服务网。

化肥投入量最大，每年投入 297. 84 元，最高的农户每年化肥投入量能达到 3500 元；其次是种子投入，平均为 79. 02 元，最高的农户种子投入额达 900 元；玉米生产的劳动力投入量是每年 46. 40 日，最高的农户劳动投入量能达到 672. 00 日；玉米生产的灌溉电费投入平均为每年 58. 62 元，而农药和固定资产的投入分别为每年 25. 88 元和 23. 05 元。在气候方面，本节还分别统计了 6 月的降雨量和温度，其中，6 月的平均降雨量为 70. 96 毫米，最多的地区 6 月的降雨量能达到 194. 20 毫米，而 6 月的河北地区的平均温度为 25. 49℃。

二、基于随机前沿生产函数的效率

（一）随机前沿生产函数理论方法

技术效率的估计方法可以分为参数方法和非参数方法（Rahman et al.，2012）。从现有研究看，非参数的估计主要是线性规划方法，如数据包络分析（DEA）（Boundeth & Takeuchi，2012），而参数方法则主要包括全要素生产率（TFP）、随机前沿生产函数（SFA）。对于研究发展中国家问题，Coelli 等（1996）认为随机前沿生产函数要好于其他的研究方法，因为发展中国家的数据更容易受统计标准的影响，而且技术效率受外生变量（气候、灾害、害虫）等影响较大，所以本节第一阶段对技术效率的估计将采用随机前沿生产函数。

本节使用生产函数来计算生产效率，假设生产者 i 使用多种生产要素 X 生产一种或者多种产出 Y，生产函数被写成如下的形式：$Y_i = f(x_i)$，$f(x_i)$ 叫作包括生产边界的生产函数，其中在一定要素投入中，产量最大的部分叫作随机前沿。在生产函数的边界，生产者在给定的一系列投入下生产最大的产出，或者在给定的产出下使用最小的生产投入（S' ebastien，2010）。在微观经济学理论中的效率，意味着所有的生产函数都是最优的以及所有厂商都处在生产前沿，但由于市场是不完善的，所以生产者处于生产前沿之下。

从产出角度，用技术进步的衡量方式对农户 i 的技术效率界定如下：

$$TE_i(x, y) = [\max\phi: \phi y \leqslant f(x_i)]^{-1} \quad (6-1)$$

式中，ϕ 是在投入 x_i 下的最大产出。产出角度的技术进步有三个假设：

第一，式（6－1）被应用到经济模型中（Kumbhakar & Lovell，2000）：

$$Y_i = f(X_i; \beta) \cdot e^{-U_i} \quad (6-2)$$

式中，Y_i 是产出；X_i 是生产者的投入向量，$i = 1, \cdots, N$；$f(X_i; \beta)$ 是生产前沿函数；β 是待估计的技术参数；U_i 是非负的不可观察的随机变量，与生产的技术非效率相关且服从任意分布。

第二，利用随机生产前沿函数（Aigner et al.，1977；Meeusen & Broeck，1977），则误差项有两个组成部分：随机冲量 V_i（不归因于投入和产出的关系）和无效率 U_i。因此可以把式（6－2）分解为：

$$Y_i = f(X_i; \beta) \cdot e^{-U_i} \cdot e^{-V_i} \quad (6-3)$$

假定随机冲量 V_i 是独立的、恒等的正态分布，均值为零、方差未知。在该假定下，在前沿之下的生产者并不一定是无效率的，因为无效率也可能是由于随机冲量（如气候变化）造成的。

TE_i 是产出角度的技术进步：

$$TE_i = \frac{\text{观察值的产量}}{\text{最大的产量}} = \frac{Y_i = f(X_i; \beta) \cdot e^{-U_i} \cdot e^{-V_i}}{Y_i = f(X_i; \beta) \cdot e^{-U_i}} = e^{-U_i} \quad (6-4)$$

技术效率可以通过式（6－3）和式（6－4）进行估计：

$$\delta^2 = \delta_\mu^2 + \delta_\nu^2, \ \gamma = \frac{\delta_\mu^2}{\delta_\mu^2 + \delta_\nu^2} \quad (6-5)$$

参数 γ 的取值在 0 到 1 之间。当 δ_ν^2 趋向于 0 时，γ 便趋向于 1，表明前沿生产函数的误差主要来源于随机变量 μ，说明生产单位的实际产出与可能的最大产出之间的差距主要来自技术运用效果上的差距（即技术的非有效性）。当 δ_μ^2 趋向于 0 时，γ 也趋向于 0，表明实际产出与可能的最大产出之间的差距主要来自统计误差（刘树坤，2004）。

第三，对于生产函数的选择，Wilson 等（2001）、Alvarez 等（2004）和 Rahman 等（2008）都使用的是超越对数的函数形式，Abid 等（2012）和 Boundeth 等（2012）使用的是 CD 函数形式，Abid 等（2012）认为虽然超越对数函数系数可替代，但是由于超越对数的平方项和交叉项容易引起多重共线性等问题，尤其对于相对较少的样本，估计易产生偏差。本书选择的是 CD 生产函数，具体形式如下：

$$\ln(Y_i) = \beta_0 + \sum_{j=1}^{m} \beta_j \ln(X_{ij}) - U_i + V_i \qquad (6-6)$$

式中，$i=1$，…，N 代表不同的农户；m 代表投入要素的数量（包括劳动力、种子、化肥、灌溉、农药投入等）；V_i 是随机误差，且服从独立分布 N（0，σ_v^2）；U_i 是技术无效率项。具体模型形式如下：

$$\ln(cornpro_i) = \beta_0 + \ln(cfix_{it}) + \ln(area_{it}) + \ln(celir_{it}) + \ln(cpes_{it}) + \ln(cfer_{it}) + \ln(cseed_{it}) + \ln(clab_{it}) + region_i - U_i + V_i \qquad (6-7)$$

式中，$cornpro_i$ 是河北玉米的产量；$cfix$ 是固定资产投入；$area$ 是玉米种植面积；$celir$ 是灌溉水电费；$cpes$ 是农药投入；$cfer$ 是化肥投入；$cseed$ 是种子投入；$clab$ 是劳动力投工日；β_0 是常数项；U_i、V_i 解释同上。

（二）河北玉米生产的技术效率分析

对技术效率和经营规模之间的关系研究，则主要区分条件和非条件两种分析方法（Alvarez et al.，2004），很多研究技术效率和经营规模的文献都是非条件的分析（如简单的相关和单变量回归），如刘七军等（2012）对技术效率和经营规模关系是通过简单的线性相关得出的。

由于农户通常面临不同的经济环境，应该包括一定的控制变量，即有条件的研究方法。技术效率损失模型是最多使用的模型（Wakili，2012），但是该模型将技术无效率作为因变量，而将经营规模作为自变量，不能很好地体现农户对于经营规模扩大与否的决策以及对经营规模的控制变量的选择。而土地利用模型却可以将土地选作因变量，将技术效率和影响经营规模的其他因素作为控制变量，即可以通过实证反映人们对于扩大规模意愿与技术效率等因素之间的关系，鉴于此，本节第二阶段将选择土地利用模型（Land Use Model）（Chomitz et al.，1996）来分析技术效率和经营规模的关系，并且加入了农户选择时的重要决定因素——天气因素。

对技术效率的计算主要采用的是CD形式的随机前沿生产函数，3个模型的不同主要在于效率项的分布方式和残差项是否使用自助法，地区的固定效果使用玉米种植带变量来控制，比较三个模型的AIC和BIC值，可知呈指数分布的模型3的IC值更小，根据IC值的吝啬原则（Brockwell，1987；Akaike，1974），认为模型3估计结果更可信。三个模型的各个变量估计结果符号一致，系数的大小差别不大，说明模型结果具有一定的稳健性（Robust）。

从不同模型的估计结果看（见表6-2），固定资产投入、种植面积、灌溉费用、农药费用、种子投入对玉米产量的影响都是正的，种植面积、灌溉费用、农药费用对玉米单产的提高起到了显著作用，劳动用工量则对产量的影响效果是负的，且较显著，主要原因是河北农业劳动力的减少，农村青壮年劳动力大多外出务工导致农业劳动力素质下降（程国强等，2012），已经对河北玉米产量造成了不利影响，不同的玉米种植带对玉米产量的影响较显著，所以应该考虑不同玉米种植带的资源、环境、技术等的不同。

参数γ在模型1和模型2中为0.457，在模型3中为0.297，说明生产单位的实际产出与可能的最大产出之间的差距主要来自技术效率上的差距（即技术的非有效性）。从技术效率的大小来看，模型1和模型2的效率值都为0.88，只是两者的标准差有一定的差别，而模型3估计的技术效率要比模型1和模型2稍高，为0.89，且技术效率较显著。

从现有研究看，1952~1998年全国平均玉米生产的技术效率为0.8040（刘树坤等，2005），2001~2008年全国平均水平的玉米技术效率为0.862（赵红雷等，2011），甘肃地区玉米生产的技术效率为0.838（刘七军等，2012），宿桂红（2011）则使用DEA-Tobit两步法研究认为河北的玉米技术效率最高，2008年为0.929，与本节使用随机前沿生产函数得出的技术效率（0.89）基本一致。

表 6-2 随机前沿生产函数不同模型的估计结果

变量	模型 1	模型 2	模型 3
固定资产的对数	0.002 (0.005)	0.002 (0.004)	0.002 (0.004)
种植面积的对数	0.891*** (0.011)	0.891*** (0.012)	0.890*** (0.011)
灌溉费用对数	0.033*** (0.002)	0.033*** (0.002)	0.0335*** (0.002)
农药费用对数	0.019** (0.007)	0.019** (0.007)	0.019** (0.007)
化肥投入费用	0.071*** (0.009)	0.071*** 0.012	0.072*** (0.009)
种子投入费用	0.008 (0.006)	0.008 (0.009)	0.009 (0.005)
玉米种植带	0.016** (0.005)	0.016** (0.006)	0.017*** (0.005)
劳动用工对数	-0.007*** (0.005)	-0.007*** (0.004)	-0.007*** (0.005)
常数项	6.481*** (0.042)	6.481*** (0.064)	6.449*** (0.037)
卡方分布	32044.890	27202.070	24362.870
最大似然值	561.180	561.180	561.590
Sig-v（残差）	0.143	0.143	0.148
技术效率（TE）	0.879***	0.879***	0.889***
参数 γ	0.457	0.457	0.297
H0：sigmau=0	1.840**	1.840**	2.660***
分布方式	半正太分布	半正太分布	指数分布
自助法（次数）	否	是（100 次）	否
AIC	-1100.350	-1100.350	-1101.1700
BIC	-1043.010	-1043.010	-1043.830

注：*** 和 ** 分别表示 1% 和 5% 统计显著性水平；括号内数值为标准误差。

我们进一步测算了不同规模、不同年份的农户技术效率，从表6－3可以看出，大规模农户的技术效率最高为0.90，而小规模农户的技术效率和中规模农户的技术效率接近，分别是0.83和0.84，意味着从投入产出效率的角度看，大规模玉米种植农户的技术损失率更低。小规模中，农户的最小技术效率为0.36，而最大的技术效率为0.86，中规模和大规模中，农户最小的技术效率都是0.36，而最大技术效率都是0.93。从标准差看，大规模农户的标准差最小，说明大规模农户中不同农户、不同年份的农户技术效率波动较小，差异不大。小规模农户中，2010年的技术效率最高为0.86，2004年的技术效率最低为0.81；中规模农户的技术效率2004年、2005年和2007年最高，均为0.85，而2008年和2009年最低，均为0.81。大规模农户中，2004～2006年的技术效率最高为0.92，2010年的技术效率最低为0.88。

表6－3　不同经营规模农户的技术效率分析

规模	年份	技术效率	标准差	最小值	最大值
小规模	2004	0.819	0.149	0.409	0.819
	2005	0.805	0.145	0.445	0.805
	2006	0.829	0.149	0.409	0.829
	2007	0.835	0.135	0.365	0.835
	2008	0.852	0.122	0.402	0.852
	2009	0.857	0.127	0.407	0.857
	2010	0.863	0.103	0.503	0.863
	平均	0.836	0.136	0.366	0.836
中规模	2004	0.856	0.106	0.406	0.856
	2005	0.857	0.107	0.407	0.857
	2006	0.848	0.128	0.408	0.848
	2007	0.853	0.113	0.473	0.853
	2008	0.811	0.131	0.361	0.811
	2009	0.813	0.133	0.423	0.813
	2010	0.849	0.129	0.479	0.849
	平均	0.840	0.120	0.360	0.840

续表

规模	年份	技术效率	标准差	最小值	最大值
大规模	2004	0.926	0.066	0.366	0.926
	2005	0.921	0.071	0.361	0.921
	2006	0.922	0.072	0.362	0.922
	2007	0.904	0.114	0.424	0.904
	2008	0.903	0.103	0.423	0.903
	2009	0.894	0.114	0.364	0.894
	2010	0.888	0.138	0.368	0.888
	平均	0.902	0.102	0.362	0.902

图6－1呈现了2004～2010年不同规模的农户技术效率的演变趋势，从中可以看出，大规模农户的技术效率呈现稳步递减趋势，从2004年的0.92降低到2010年的0.88，中规模农户的技术效率则呈现一定的波动，2004～2009年先呈现下降趋势，2009～2010年，技术效率则从0.81增加到0.84；小规模农户的技术效率则整体呈现显著增加趋势，从2004年的0.81增加到2010年的0.86。小

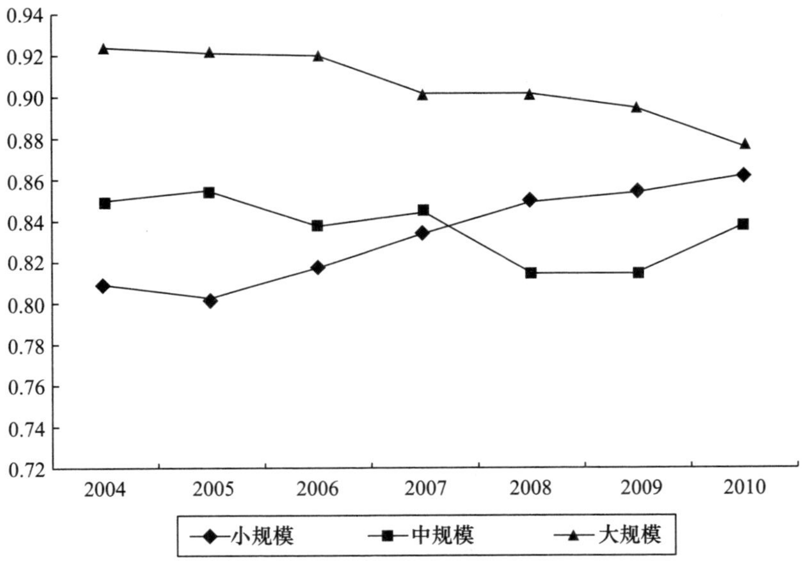

图6－1　不同年份河北玉米技术效率的演变

规模农户技术效率虽然相对较低，但是近年呈现上涨的趋势；而大规模农户技术效率虽然相对较高，但是却呈现递减的趋势。技术效率的变动受多种因素的共同影响，既包括生产特征因素，又包括外部环境因素（许庆，2013①）。技术效率的变化尤其是大规模技术效率的降低应该引起重视，并且从农户和政府层面采取措施减少大规模农户的技术效率的损失。

进一步从不同区域角度对技术效率进行了比较，图6-2是不同村的技术效率的平均值，从中可以看出，大部分村的技术效率都在0.9以上，部分村的技术效率在0.8~0.9，只有小部分村的技术效率在0.8以下。村10的技术效率最高是0.936，村6的技术效率最低为0.646，不同村技术效率的差异意味着政府在制定相关经营规模相关政策时，应分区域、分农户差别对待，优先提高效率低的农户的技术效率，或者让效率低的农户进行土地的流转（许庆，2013）。在我国土地等自然资源有限的情况下，提高农户玉米生产技术效率是挖掘玉米生产潜力的主要途径之一（戴尔阜等，2007）。

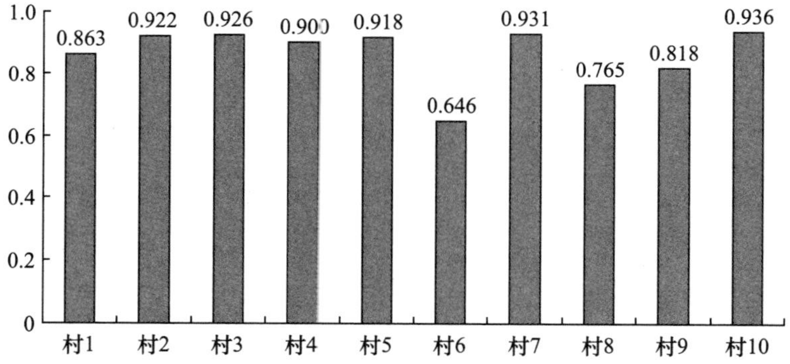

图6-2 不同村的平均技术效率

从规模报酬角度看（见表6-4），不同经营规模的规模报酬不同，对小规模

① 技术效率、配置效率与中国的粮食生产［EB/OL］. http://upload.rmlt.com.cn/2013/0912/1378977812765.pdf.

而言，其规模报酬为0.97，小于1，说明在河北种植玉米的小规模农户增加玉米生产的种植要素，玉米产量的增加比例要小于要素的增加比例。对中规模农户而言，其规模报酬是1.04，说明中规模玉米种植农户的规模报酬略大于1，即产量增加的比例略高于玉米生产投入要素的增加比例。大规模农户的规模报酬为1.05，略高于中规模农户的规模报酬，即大规模农户玉米的产量增加也略高于要素投入的比例。从不同要素的贡献率来看，种植面积是玉米产量增加的主要原因，其中大规模农户中，玉米种植面积的贡献率最大，其次是劳动力投入，而中规模农户的玉米面积贡献率也最大，其次是物质总投入。

表6-4　不同经营规模的规模报酬

变量	小规模	中规模	大规模
玉米种植面积	0.880***	0.900***	0.950***
物质总投入	0.054**	0.104**	0.054***
劳动力投入	0.058*	0.048*	0.068**
规模报酬	0.968	1.038	1.048

注：***、**和*分别表示1%、5%和10%统计显著性水平。

三、技术效率和农户玉米经营规模选择的关系

（一）基于土地使用的粮食生产模型

本节的理论方法基于Chomitz和Gray（1995）的土地转换模型，基本的假设是农民对土地的分配有两种选择：一是种植玉米；二是种植其他农作物。

一个经典的结构模型形式是Tobit模型（Chomitz & Gray，1995；Dolisca et al.，2007）：

$$p_{i,c}^{*}=\alpha X_{ic}+v_{iv} \qquad (6-8)$$

式中，$p_{i,c}^{*}$是地区 c 的农户 i 的哑变量；X_{ic}是解释变量；影响农户的选择是$p_{i,c}^{*}$；$\alpha=(\alpha_1\cdots\alpha_k)'$是未知参数的向量。本书基于式(6－8)，但是对因变量进行了修改，具体的估计模型如下：

$$p_{i,c}=\alpha_0+\alpha_1 TE_{i,c}+\alpha_3 TE_{i,c}^2+\alpha_4 Size_{i,c}+\alpha_2 X_{i,c}+\varepsilon_{i,c} \qquad (6-9)$$

式中，$p_{i,c}$是因变量，该因变量选择的是玉米的种植比例，是玉米的种植面积与农户所有耕地面积的比例，代表的是农户玉米经营规模的选择意愿（Chomitz & Gray，1995；Dolisca et al.，2007）。本节将使用式（6－9）的土地利用生产模型来研究农户玉米种植选择和技术效率之间的关系，与第五章的经营规模选择的驱动力所使用的模型不同。X 是相关变量包括农户的基本特征、玉米的市场价格、玉米种植带等。假设技术效率和玉米的经营规模选择之间是非线性的，所以在模型中加入了技术效率的平方（TE^2），并通过模型估计对经营规模和效率之间的非线性关系进行验证。

（二）河北玉米农户经营规模选择和技术效率的关系

对于不同经营规模的技术效率一直是研究的焦点，而不同经营规模的效率高低观点也存在很大分歧。很多学者认为技术效率和经营规模之间存在逆向关系（Rahman et al.，2012；Boundeth & Takeuchi，2012），如 Cornia（1985）对 15 个发展中国家进行研究，发现有 12 个国家都存在这种逆向关系，原因是小规模经营土地的投入和土地利用密集度更高，Rahman（2012）等研究孟加拉国大米的技术效率和大米经营规模的关系，得出大米的经营规模越小则技术效率越高，其中小规模经营的技术效率是 0.94，而大规模经营的技术效率是 0.88。

也有很多研究的结论是技术效率和经营规模之间存在着正向的关系（Alvarez & Arias，2004），Alvarez 等（2004）研究西班牙奶牛产业发现经营规模越大，技术效率越高。此外，Helfand 等（2004）和 S' ebastien（2010）研究认为技术效率和经营规模之间存在着非线性关系。而 Bhalla 和 Roy（1988）等则认为经营规模和效率之间并不存在关系。

国内对经营规模和技术关系之间的研究结论差别很大，屈小博（2009）和刘七军等（2012）的研究都发现经营规模与技术效率之间存在着倒 U 形的关系，只是前者研究的是陕西的果农而后者研究的是甘肃省民乐县和临泽县的小麦和玉米；姚增福等（2012）以黑龙江省种粮大户为研究对象，发现经营规模与技术效率之间具有较强的反向作用效应；而张尹君杰等（2008）以河北农作物为研究对象，从土地细碎化的角度得出小规模农户导致了技术效率低下的结论。

农户是否愿意扩大规模，即农户经营规模选择意愿，除了受到技术效率的影响外，还受其他多个因素共同影响，其中包括农户所处地区、河北玉米的价格指数（控制市场和价格水平）、农户基本特征（教育水平、外出收入、家庭人口数等）、气候因素等；由于河北玉米种植主要集中在 6 月底，且玉米发芽期的气候情况对玉米的生长起到至关重要的作用①，所以我们考虑将 6 月的降雨量和温度放入模型中进行估计。

该模型主要存在两个潜在问题：一是模型使用的自变量（技术效率）是随机前沿生产函数估计结果，可能存在一定的回归偏差；二是玉米种植带变量在两个模型中都是自变量之一，土地利用模型使用该变量主要是用来控制地区的集聚效果对估计结果的影响。考虑到分位数回归对随机扰动项不需做分布假定，具有稳健性，而且未使用连接函数描述因变量的均值和方差的相互关系以及对数据中出现的异常点具有耐抗性等优点（陈建宝、丁军军，2008），本节主要使用分位数模型进行估计，分位数模型 1 和模型 2 的区别主要在于自助法使用次数的不同，结果列在表 6 - 5 中。

对比三个模型，分位数回归和 OLS 回归的结果符号一致，且系数之间差别不大，说明模型估计结果具有一定的稳健性。从估计结果看，玉米经营规模选择意愿和技术效率之间呈现 U 形关系，OLS 模型估计的技术效率值为 0.92，而分位数模型 1 和模型 2 估计的结果均为 0.93，随机前沿生产函数估计的技术效率的均值为 0.93，说明河北玉米的平均技术效率处于 U 形最低点右侧，即随着技术效

① 根据实际的调研情况，河北农科院的专家提到 6 月的降雨量和温度对玉米增产起到至关重要的作用。

率的提高，河北农户扩大玉米经营规模的意愿会增强，这也从实证的角度证实了未来发展专业大户、家庭农场有现实意义。

表 6－5　土地利用模型的估计结果

变量名称	OLS	分位数模型 1	分位数模型 2
玉米种植带	－0.019*	－0.084***	－0.084***
	(0.012)	(0.017)	(0.019)
河北玉米价格指数	0.016***	0.015*	0.015*
	(0.047)	(0.059)	(0.064)
农户教育水平	0.001	0.001	0.001
	(0.004)	(0.013)	(0.013)
家庭人口数	－0.025***	－0.015***	－0.015***
	(0.003)	(0.004)	(0.003)
技术效率的平方	12.448***	10.330**	10.330***
	(3.220)	(3.455)	(3.054)
技术效率	－22.868***	－19.267**	－19.267***
	(5.872)	(6.295)	(5.544)
6 月降雨量	－0.001***	－0.001***	－0.001***
	(0.000)	(0.000)	(0.000)
6 月温度	－0.001*	－0.002***	－0.002***
	(0.000)	(0.001)	(0.001)
常数项	10.930***	9.946***	9.946***
	(2.683)	(2.822)	(2.499)
自助法次数	—	50	100
调整后的 R^2	0.443	—	—
技术效率 U 形最低点值	0.918	0.932	0.9325
	(0.007)	(0.012)	(0.011)

注：***、**和*分别表示 1%、5%和 10%统计显著性水平；括号内数值为标准误差。

除了技术效率外，河北玉米的价格指数对扩大玉米经营规模意愿产生正向的显著影响（与第五章河北玉米经营规模的驱动力选择模型的估计结果一致），而

6月的温度和降雨量对农户玉米经营规模的扩大意愿产生了负向影响，由于6月底是河北玉米播种时期，温度过高、降雨量过多都会降低人们对扩大玉米经营规模的意愿。同时，不同玉米种植带的地区变量对于农户的意愿选择的影响也较显著。

四、河北玉米生产率、现金收益、生产成本分析

（一）生产率、现金收益、生产成本计算原理

进一步，本节从不同角度计算了不同经营规模玉米农户的生产率、现金收益和生产成本。本节中生产率主要是指单位种植面积、单位投入或者单位劳动投工日的产量，具体的计算公式如下：

$$P = \frac{mp}{u} \tag{6-10}$$

式中，P 是生产率；mp 是农户玉米产量；u 是单位要素的集合，包括种植面积、投入费用以及劳动投工日。

鉴于数据的可获取性，本节选择的是生产成本（生产成本的定义和计算方法请见第二章的概念界定部分），现金收益的计算方法与生产率的计算方法类似，现金收益也是指每单位的现金收益，包括单位种植面积、单位投入以及单位劳动投工日的现金收益，单位现金收益用于衡量农户种植玉米的实际的可支配收益，具体计算方法如下：

$$R = \frac{income - \mathrm{cost}}{u} \tag{6-11}$$

式中，R 是玉米种植的现金收益；$income$ 是农户玉米的收入；cost 是农户的玉米生产成本；u 是单位要素的集合，包括种植面积、投入费用以及劳动投工日。

分析农户的收益也需要分析农户的成本，对于农户和政府而言，降低农户种植的成本也是提高收益率和农民收入的一个重要途径，限于土地价格数据的不可获取，本节主要计算生产成本，生产成本的定义也参见第二章中的概念界定部分，农户的单位生产成本的计算方法如下：

$$c = \frac{cost}{v} \tag{6-12}$$

式中，c 是单位生产成本；$cost$ 是总生产成本；v 是单位要素的集合，包括单位种植面积和单位劳动投工日。

（二）河北玉米生产率、现金收益和生产成本研究

农户的收益和生产率一直是农户和政府关心的问题，很多研究认为，农户种植玉米积极性低的最主要原因是农户种植玉米的收益率低，本部分主要是从农户的生产率、现金收益两个方面来分析不同规模农户的玉米种植情况。在分析收益率时，又具体分析了农户的生产成本、玉米收入和玉米现金收益，并且从单位亩数、每元投入以及每个劳动投工日三个层面分别进行分析。

表6－6主要列出了河北不同规模农户玉米种植的生产成本，整体而言，大规模农户的亩均生产成本最低，而小规模农户的亩均生产成本最高，这主要是因为小农户种植的要素投入存在过度的问题，过度投入导致生产成本较高（严瑞珍，1999），而大规模农户种植存在规模效益（王建军等，2012），所以每亩的平均生产成本会低一些。具体来看，2004～2010年，大规模农户的平均生产成本为159.16元/亩，小规模农户的玉米生产成本是195.87元/亩，而中规模农户的玉米生产成本为174.59元/亩。所有的经营规模的生产成本从2004～2010年都在显著增加，其中小规模的生产成本增加得最多，从2004年的135.36元/亩增加到了2010年的236.15元/亩，生产成本增加了100多元/亩；中规模和大规模农户的平均生产成本从2004～2010年分别增加了77元/亩和58元/亩左右。可见小规模农户的生产成本最高且增幅最快，如果收益的增加幅度小于成本增加幅度，那么农户的收益就会降低，进而降低不同规模农户的种植积极性。

表 6 –6 河北不同玉米经营规模农户的生产成本

单位：元/亩

年份	小规模	中规模	大规模
2004	135.359	132.599	125.039
2005	147.768	153.248	147.898
2006	166.417	160.927	155.927
2007	244.050	182.160	158.720
2008	220.533	190.433	174.633
2009	221.057	193.667	169.147
2010	236.150	209.430	183.030
平均	195.865	174.595	159.155

资料来源：农业部农研中心固定观察点河北农户数据。

根据表 6 –7 进一步分析不同经营规模农户的玉米种植收入可以发现，虽然小规模农户的每亩玉米种植的成本高，但是小规模农户的每亩玉米收入也是三个规模中最高的。2004 ~2010 年，小规模农户的玉米收入是 657.52 元/亩，其中 2010 年玉米的收入最高为 955.53 元/亩；其次是大规模农户的玉米收入为 617.29 元/亩，且大规模农户玉米的收入从 2004 ~2010 年的收入增长率最低，玉

表 6 –7 河北不同玉米经营规模农户的收入

单位：元/亩

年份	小规模	中规模	大规模
2004	477.840	494.840	566.210
2005	491.975	477.355	522.245
2006	520.821	456.111	509.321
2007	658.550	640.740	602.890
2008	734.568	662.588	690.038
2009	763.428	620.508	644.688
2010	955.526	849.156	785.686
合计	657.516	600.166	617.286

资料来源：农业部农研中心固定观察点河北农户数据。

米收入最少的是中规模农户，为600.17元/亩，且从2004～2010年中规模农户每亩玉米的收入存在较大的波动性。小规模农户玉米收入最高主要是因为小规模农户玉米的单产水平较高，而中规模农户的单产水平最低。在玉米价格相同的情况下，玉米的每亩产量越高则收入越高，此外对于小规模农户，可能会选择种植更多优良的玉米品种（如水果玉米、紫玉米、育种玉米等），进而获得更高的收益。

基于河北不同规模的玉米农户的玉米生产成本和玉米收入，表6－8计算了不同规模农户的玉米现金收益，从中可以看出，虽然小规模农户的每亩收入要远高于大规模农户，但是小规模农户的现金收益仅略高于大规模农户，主要是因为小规模农户每亩的生产成本也较高。小规模农户的玉米平均现金收益为461.66元/亩，仅比大规模农户的每亩现金收益高4元，而中规模农户的现金收益为425.57元/亩，比小规模农户的现金收益要低36元。

表6－8　河北不同玉米经营规模农户的现金收益

单位：元/亩

年份	小规模	中规模	大规模
2004	342.615	362.355	441.285
2005	344.278	324.178	373.818
2006	354.409	295.189	352.679
2007	414.529	458.609	443.579
2008	514.099	472.219	514.739
2009	542.434	426.904	475.004
2010	719.446	639.806	602.156
合计	461.655	425.575	457.575

资料来源：农业部农研中心固定观察点河北农户数据。

图6－3主要呈现了不同规模的每亩玉米现金收益、收入和生产成本，从中可知，不同规模的农户玉米的生产成本从2004～2010年增加幅度很小，收入增加幅度则很大，进而带动了不同经营规模农户玉米现金收益的增加。2004～2010年，小规模农户的现金收益处于平稳增加的状态，而大规模农户和中规模农户的玉米收入都呈现不同程度的波动，中规模农户的现金收益波动相对较剧烈。

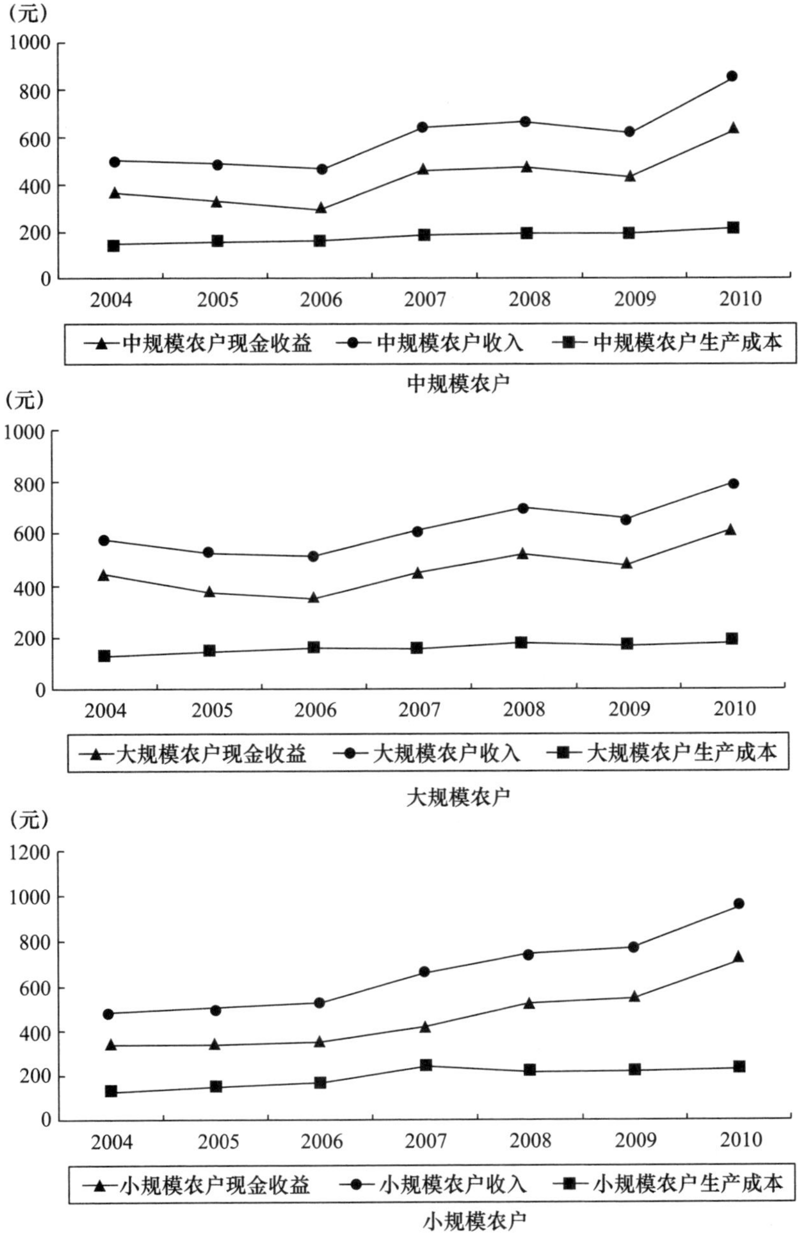

图6－3　不同规模农户的每亩玉米现金收益、收入以及生产成本

资料来源：农业部农研中心固定观察点河北农户数据。

从每元投入的角度，本节分析了每元投入的玉米产出、每元投入的玉米现金收益。每元投入的产出和现金收益也是衡量农户玉米收益和投入产出比的重要指标。

由表6－9可知，大规模农户每元投入的玉米产出最高，1元的投入成本能带来3.69千克玉米的产出，其次是小规模和中规模农户，即1元的投入成本分别能带来2.70千克和2.80千克的玉米产出。2004～2010年，1元投入成本带来的产出呈现递减趋势。其中小规模农户的每元投入产出减少的幅度最大，从2004年的3.71元降低到2010年的2.29元，其次是中规模农户，减少幅度最小的是大规模农户。可见大规模农户在每元投入产出方面也具有一定的优势。

表6－9　不同规模农户每元投入的玉米产出

单位：千克/元

年份	小规模	中规模	大规模
2004	3.714	3.664	4.564
2005	3.272	3.062	4.042
2006	3.020	2.820	3.660
2007	2.200	2.690	3.230
2008	2.427	2.627	3.767
2009	2.259	2.479	3.429
2010	2.291	2.571	3.451
合计	2.703	2.803	3.693

资料来源：农业部农研中心固定观察点河北农户数据。

与每元投入产出相对应，表6－10主要列出的是不同经营规模农户每元投入的现金收益，大规模农户每元带来的现金收益最大，其次是中规模农户，收益最小的是小规模农户，主要可能是因为规模越大，规模效应越明显，每元的成本投入能带来更多的现金收益和产出。

从每个劳动投工日角度看，不同经营规模农户的每劳动投工日的玉米产出和收益也具有不同特征。表6－11测算了不同农户每劳动投工日的玉米产出，从中

表 6-10 不同经营规模农户每元投入的现金收益

单位：元

年份	小规模	中规模	大规模
2004	3.113	3.183	4.193
2005	2.729	2.339	3.359
2006	2.678	2.328	3.088
2007	2.289	2.779	3.099
2008	2.543	2.843	3.803
2009	2.608	2.568	3.598
2010	3.268	3.358	4.118
合计	2.738	2.768	3.608

资料来源：农业部农研中心固定观察点河北农户数据。

表 6-11 不同经营规模农户每劳动投工日的玉米产出

单位：千克/日

年份	小规模	中规模	大规模
2004	26.414	39.984	50.424
2005	26.629	44.939	63.869
2006	27.701	46.341	64.941
2007	31.971	49.491	62.581
2008	34.250	47.990	68.660
2009	29.936	47.066	66.936
2010	35.561	51.621	58.371
合计	30.345	46.775	62.245

资料来源：农业部农研中心固定观察点河北农户数据。

可以看出，大规模农户的每劳动投工日的玉米产出最高，其次是中规模农户，最小的是小规模农户；每劳动投工日的投入能使大规模农户的玉米产出增加 62.25 千克、使中规模农户的玉米产出增加 46.78 千克、使小规模农户的产出增加 30.35 千克。主要是因为大规模农户每亩劳动力数量要远低于小规模农户，且大规模农户的劳动力主要是用于从事机械操作；而小规模农户的每亩劳动力数量较高，且主要从事的是田间劳作。因此每劳动投工日的产出也能反映出一定的规模效应。

表6－12测算的是不同经营规模每劳动投工日的现金收益，其特征与每劳动投工日的产出基本一致，即大规模农户的每劳动投工日的现金收益较大，其次是中规模农户，每劳动投工日的现金收益最小的是小规模农户，三种规模的每劳动投工日的收益分别是60.72元、45.81元和31.97元。从2004～2010年的增长趋势看，每劳动投工日的收益呈现增长趋势，其中大规模农户的每劳动投工日的收益增长趋势最大，从2004年的45.46元增加到2010年的78.99元。

表6－12　不同经营农户每劳动投工日的现金收益

单位：元/日

年份	小规模	中规模	大规模
2004	22.193	33.433	45.463
2005	21.495	32.595	49.475
2006	22.008	32.988	48.798
2007	29.237	51.647	62.357
2008	38.897	52.407	73.017
2009	35.520	46.610	67.010
2010	54.498	71.088	78.988
合计	31.973	45.813	60.723

资料来源：农业部农研中心固定观察点河北农户数据。

五、小结

效率和收益最大化一直是政府关注的热点方向。本章实证地分析了不同农户的技术效率大小，并研究了技术效率和玉米经营规模之间的关系，同时对不同规模的生产率和收益率进行了测算。本章对效率的计算主要使用的是随机前沿生产函数，对技术效率和玉米之间关系的分析使用的是基于土地使用的粮食生产模型，对收益率和生产力的测算则根据的是收益率和生产率定义。

研究结果表明，大规模农户的技术效率最高，为0.90，而小规模农户的技术效率和中规模农户的技术效率接近，分别是0.836和0.840，意味着从投入产出效率的角度看，大规模玉米种植农户的技术损失率更低。2003～2010年，大规模农户的技术效率呈现稳步递减趋势，从2004年的0.92降低到2010年的0.88，中规模农户的技术效率则呈现一定的波动，2004～2009年呈现下降趋势，2009～2010年，技术效率则从0.81增加到0.84。小规模农户的技术效率则整体呈现显著增加趋势，从2004年的0.81增加到2010年的0.86。

从规模报酬角度看，小规模的规模报酬为0.97，中规模的规模报酬为1.04，大规模农户的规模报酬为1.05。说明小规模农户的规模报酬递减，中规模农户的规模报酬和大规模农户的规模报酬递增，即大规模农户玉米的产量增加要略高于要素投入的比例。

粮食生产模型的结果表明，玉米经营规模的选择意愿和技术效率之间呈现U形关系，对效率和生产率的分析结果表明，大规模农户的亩均种植成本最低，而小规模农户的亩均生产成本最高，大规模农户的平均玉米生产成本为159.16元/亩，小规模农户的玉米生产成本是195.87元/亩，而中规模农户的玉米生产成本为174.59元/亩，所有的经营规模的生产成本从2004～2010年都在显著增加。收入方面，小规模农户的每亩玉米收入是三种规模中最高的，2004～2010年玉米收入是657.52元/亩，其次是大规模农户的玉米收入为617.29元/亩。小规模农户的每亩现金收益与大规模农户接近，都远高于中规模农户。

从每元投入成本层面看，1元的投入生产成本能带来大规模农户3.69千克玉米的产出，使得小规模和中规模农户分别增加2.70千克和2.80千克玉米的产出。1元的投入成本给大规模农户带来的现金收益最大，其次是中规模农户，收益最小的是小规模农户。

从劳动力层面看，大规模农户的每劳动力投入的玉米产出最高，其次是中规模农户，最小的是小规模农户，在每劳动力投入的现金收益中，大规模农户的现金收益较大，其次是中规模农户。

第七章　结论及政策建议

一、结论

对于拥有 13 亿人口的中国而言，粮食安全尤其重要。粮食安全是实现我国经济快速、健康发展的基本条件，也是维护社会稳定的重要保障，更是确保国家各方面安全的战略根基。保障粮食安全的关键在于生产经营环节（蒋和平等，2013），而在生产环节中一个关键的问题就是探讨粮食的经营规模。随着我国经济的高速发展，我国的粮食经营规模和劳动力流动呈现出新的特点，因此对粮食经营规模的研究和探讨对于保障我国粮食安全和农民收益都具有重要意义。

改革开放之后，我国的粮食经营规模发生着显著的变化，相比于其他国家，我国的粮食经营规模呈现出一定的特征，首先，我国的粮食经营规模呈现长期下降近期上升的趋势，中国粮食的经营规模远低于世界其他国家，随着工业化的发展，中国劳动力务农比例不断下降，且存在波动，中国商品粮总体规模小，有逐步集中到少数地区的趋势；其次，我国的农业政策不断地鼓励扩大经营规模，实现适度规模经营。在此背景下，以河北玉米农户为例，研究农户的经营规模的演变、驱动力和效率具有一定的理论和现实意义。

本书以河北玉米为例，研究玉米农户经营规模选择的驱动力和不同规模的效率，主要有两个原因，首先，玉米虽然是粮食作物，但是玉米是一种多功能的作物，既可以作为口粮，又是饲料的主要成分，同时还是很多工业用品的主要原料。因此玉米的生产，既关系粮食安全，又关系农业和工业产品的价格稳定，尤其是近年随着工业用玉米和饲料用玉米的增加，玉米的供需严重不平衡，提高我国玉米的生产潜力刻不容缓。其次，河北作为华北平原的重要部分，其玉米的产量具有重要地位，同时对河北进行研究具有一定的地区代表性，能反映出华北地区玉米种植农户的特征，与东北的家庭农场和规模化的种植模式不同，河北的玉米农户的规模相对较小，而我国玉米的经营大部分是家庭式的小规模生产经营模式，因此研究河北的农户，对于分析我国大部分地区的玉米种植农户具有一定的代表性。

本书的研究对象主要是家庭农户，因为家庭农户经营才是确保我国粮食产量的主体，占所有经营方式的90%以上。本书首先对全国粮食经营规模演变、玉米市场和贸易情况、相关政策以及亚洲等其他国家在经营规模方面经验的分析，然后以河北为例，探讨玉米农户经营规模的划分、玉米农户生产经营规模选择的驱动力和不同玉米农户经营规模的效率，本书得出如下八点结论：

第一，全国层面，粮食经营规模呈现整体显著下降而近期小幅度增长的趋势。小麦和水稻的经营规模也呈整体下降近期小幅上涨趋势，但2000年水稻经营规模首次超过小麦。玉米的经营规模整体呈现增长的趋势，2001年后增幅明显加速且超过了小麦和水稻的经营规模。在粮食主产省中，黑龙江粮食经营规模最大，内蒙古和吉林次之。从玉米经营规模来看，黑龙江、吉林、内蒙古以及辽宁的玉米经营规模较大，而主产省平均的玉米经营规模2012年为4.63亩。小麦的户均经营规模最小且减少幅度最大。黑龙江水稻的经营规模最大，其次是江西和湖南。

第二，中国的农业政策以及与规模经营相关的政策随着经济的发展不断演变，中国的粮食政策大体可以分为六个阶段，与农业政策相对应，粮食经营规模相关政策也在不断发展，从1986年的适度经营规模被提出，到2000年之后，适度规模经营不断被具体化，2005～2014 年，政府分别提出了适度经营规模的前提，适度经营规模的多样性和区域差异性，鼓励专业大户、家庭农产、农村合作社流转以及增加粮食经营规模的营销贷款试点等措施，粮食经营规模相关政策不断发展和细化，但具体措施仍然较笼统，盘活土地的立法将是近年政策的导向。

第三，市场和贸易方面，1960～2015 年，国内玉米消费量呈现指数增长趋势。饲料用玉米消费是我国玉米总消费量增加的最主要驱动力。2015 年我国玉米总消费量占世界玉米总消费量的 22.26%，我国饲料用消费量占世界饲料用总消费量的 26.22%，2004 年 6 月到 2015 年 3 月我国玉米的月度集贸市场玉米价格指数呈现整体平稳上涨的趋势。我国玉米进口量较少，2008 年之后，玉米的进口量有了显著的增加，其中 2011 年玉米进口量达到了 523.10 万吨，自 2011 年之后，我国玉米的进口量主要维持在 300 万吨左右。从进口价格角度看，我国玉米进口的到岸完税价格从 2009～2015 年呈现先增加后降低的趋势。

第四，日韩两国的粮食经营规模发展的经验表明，我国应制定更具体的粮食经营规模政策，并不断修正和调整，具体化土地流转的立法，加大在土地流转方面的补贴，并鼓励创新的规模经营模式。同时日韩两国经营规模中的不足提醒我国在探讨适度粮食经营规模时应考虑土地的定价和农户对土地价格的预期。

第五，对河北玉米农户的经营规模进行划分，以玉米种植面积作为划分经营规模的标准，基于统计学中概率密度分布三等分的划分原理，玉米种植面积小于 2.59 亩则为小规模，在 2.59 亩和 4.5 亩之间为中规模，大于 4.5 亩则为大规模（大、中、小规模分别是指河北玉米农户样本分布中前 1/3、中 1/3 和后 1/3 的农户），并发现不同年份玉米经营规模的划分临界值呈动态变化的趋势。用多指标方法（主成分分析方法）划分河北玉米经营规模，其经营规模的临界值与单指标的基本一致。

第六，三种规模中，大规模农户玉米的单产水平最高，小规模农户的单产水平次之，中规模农户的农业生产能力最低，小规模农户的玉米种植比例最低，通过实地调研得知，河北小规模农户更倾向于将耕地用于蔬菜和其他作物的种植；在农业政策方面，大规模农户获得的农业补贴最大，中规模农户的外出务工收入、玉米种植比例、户主的受教育水平都是所有规模中最高的。

第七，影响因素方面，农业补贴对中规模和大规模玉米农户经营规模选择都具有显著的正向影响，而对小规模农户具有负向影响。补贴金额增加1%则中规模和大规模的玉米种植比例（用于衡量农户玉米的经营规模选择意愿）分别增加1.3%和0.4%；农业政策变量对大、中、小规模农户的玉米经营规模具有正向影响，且对中规模农户的影响最大，对小规模农户的影响则最小。对三种规模而言，外出务工收入对粮食经营规模选择的影响也较显著，外出务工收入越高则农户玉米经营规模选择的意愿越低，主要是因为外出打工转移了农业劳动力。

农户特征方面，户主教育水平越高，则小规模和大规模的农户越倾向扩大玉米经营规模，而对于中规模农户，则受教育水平越高，越不愿意扩大经营规模，可能是受教育水平越高的中规模农户更倾向于外出务工或者种植其他作物。

玉米的生产价格对玉米经营规模具有正向影响，即玉米的价格越高，农户玉米种植比例越高。其中，中规模农户玉米价格的弹性最高，其次是小规模农户，弹性最小的是大规模农户，可能是大规模农户改变玉米经营规模的成本较高，而中规模农户改变玉米经营规模相对灵活。大豆价格和棉花价格对玉米经营规模都有显著的负向影响，中规模农户对大豆生产价格最敏感，其次是小规模农户，大豆生产价格提高1%，则会使大、中、小规模的玉米经营规模分别降低0.22%、0.28%和0.15%。外出务工收入越高，三种规模的农户越倾向于降低玉米的种植规模。

气候因素方面，中规模农户对温度的反应较敏感，温度提高1℃将会使中规模农户的玉米经营规模降低4%，使小规模农户和大规模农户的经营规模降低1.2%和1.1%。生长期的降雨量对农户玉米经营规模的影响很小，主要是因为河北的玉米是灌溉型玉米。

第八，效率方面，大规模农户的技术效率最高，为0.90，而小规模农户的技术效率和中规模农户的技术效率接近，分别是0.836和0.840。2003～2010年，大规模农户的技术效率呈现稳步递减趋势，从2004年的0.92降低到2010年的0.88，中规模农户的技术效率则呈现一定的波动，2004～2009年呈现下降趋势，

2009~2010 年，技术效率则从 0.81 增加到 0.84。小规模农户的技术效率则整体呈现显著增加趋势，从 2004 年的 0.81 增加到 2010 年的 0.86。

从规模报酬角度看，小规模的规模报酬为 0.97，中规模的规模报酬为 1.04，规模农户的规模报酬为 1.05。说明小规模农户的规模报酬递减，中规模农户和大规模农户的规模报酬递增，即大规模农户和中规模农户的玉米产量增加要略高于要素投入的比例。

玉米经营规模选择意愿和技术效率之间呈现 U 形关系，不同规模的技术效率中，中规模农户最低也正验证了经营规模选择意愿和技术效率的 U 形关系，在当前的农业生产情况下，小规模农户转向中规模会降低技术效率，而中规模农户扩展到大规模则会提高技术效率。

对效率和收益的分析结果表明，玉米经营规模的选择意愿和技术效率之间呈现 U 形关系，对效率和生产率的分析结果表明，大规模农户的亩均种植成本最低，而小规模农户的亩均生产成本最高。大规模农户的平均玉米生产成本为 159.16 元/亩，小规模农户的玉米生产成本是 195.87 元/亩，而中规模农户的玉米生产成本为 174.59 元/亩，所有的经营规模的生产成本从 2004~2010 年都在显著增加。收入方面，小规模农户的每亩玉米收入是三种规模中最高的，2004~2010 年玉米收入是 657.52 元/亩，其次是大规模农户的玉米收入为 617.29 元/亩。小规模农户的每亩现金收益与大规模农户接近，都远高于中规模农户。

从每元投入成本层面看，1 元的投入生产成本能带来大规模农户 3.69 千克玉米的产出，使得小规模和中规模农户分别增加 2.70 千克和 2.80 千克玉米的产出。1 元的投入成本给大规模农户带来的现金收益最大，其次是中规模农户，收益最小的是小规模农户。

从劳动力层面看，大规模农户的每劳动力投入的玉米产出最高，其次是中规模农户，最小的是小规模农户，每劳动力投入的现金收益中，大规模农户的现金收益较大，其次是中规模农户。

二、政策建议

（一）河北玉米农户层面的政策建议

1. 分区域制定玉米规模经营政策

不同区域的玉米经营规模存在很大的差异性，本书表明，经营规模的差异性会导致农户的效率、收益率都不同，且影响农户粮食种植的因素也不同，因此在制定相关政策时应因地制宜，多样化的经营规模政策才能发挥效果，保证农民的收益和粮食生产效率的最大化。

2. 加大对大规模玉米农户的补贴，减少对中规模农户和小规模农户的补贴

研究结果发现，对小规模进行补贴会导致农户玉米经营规模的进一步降低，可能是因为有补贴的存在使得小规模农户不愿意流转，不利于实现规模效益。对于中规模农户，虽然补贴能提高中规模农户的玉米经营规模，但是中规模农户的单产水平、种植效率、农民收益都是较低的，因此我们应该鼓励增加大规模农户的补贴，减少中规模和小规模农户的补贴。

3. 引导中规模的农户流转土地或者向大规模模式发展

本书研究发现，中规模农户的生产能力较低且技术效率、收益率都是所有规模中最低的，而中规模对大部分影响因素的变动较灵敏，意味着中规模是最容易被鼓励进行土地流转或者是扩大规模的农户，因此为了进一步提高粮食的产量、效率以及农民的收益率应引导中规模农户进行流转，将自己转向其他作物的种植或者是转入非农行业。另外，可引导中规模农户扩大玉米的种植规模，进而增加收益。

4. 探索新的价格补贴政策调动农民种植玉米的积极性

本书研究发现，玉米的价格以及玉米替代作物的价格对于玉米经营规模选择

都具有显著的影响，且价格对玉米经营规模选择的弹性相对较大。因此，市场上的价格因素对农户种植玉米的决策起到较大作用，政府应该探索更多的价格补贴政策，确保既能稳定市场价格，又能保证农民种粮的积极性。

（二）全国粮食层面的政策建议

1. 出台更具体的粮食经营规模相关政策，并不断修正和调整

我国目前出台的粮食经营规模政策虽然在不断地细化和具体，但是从实际的操作和推广看，仍然过于笼统。例如，国家虽然鼓励土地流转，也确立了土地流转的合法性，但是仍然缺乏具体土地流转程序和操作的文件，也没有对土地流转的具体补贴措施，很难调动农民进行流转的积极性。

2. 加强对气候因素的监测和预警，减少极端天气对粮食经营规模的影响

研究表明，温度升高会降低农户的经营规模，经营规模的减少会降低农户种植玉米的积极性，导致玉米的减产，温度对其他粮食作物也会产生相似的负向影响。如果加强对气候因素的检测和预警，使得农户能提前做好应对极端天气的准备，则能够减少粮食作物的种植面积，提高粮食的产量，进而确保我国的粮食安全。

3. 鼓励土地的流转，适度扩大经营规模

粮食经营规模不是越大越好，但是由于政策的限制，很多土地仍处于没有能力种植（如老人）和不愿意种植的农户手中，这些土地不能发挥最大的价值，而如果将这些土地盘活，集中起来形成适度的规模，将会在很大程度上开发我国粮食生产的潜力。

参考文献

[1] Ahmed M A M, S Ehui, Y Assefa. Dairy Development in Ethiopia. Environment and Production Technology Division Discussion Paper No. 123. Washington, D. C. : International Food Policy Research Institute, 2004.

[2] Aigner D, Lovell, C A K , Schmidt P. Formulation and Estimation of Stochastic Frontier Production Function Models. Journal of Econometrics, 1977 (6): 21 -37.

[3] Akaike H. Markovian Representation of Stochastic Processes and Its Application to the Analysis of Autoregressive Moving Average Processes. Annals of the Institute of Statistical Mathematics, 1974, 26 (1): 363 -387.

[4] Alvarez A, Arias C. Technical Efficiency and Farm Size: A Conditional Analysis. Agricultural Economics, 2004, 30 (3): 241 -250.

[5] Battese G E. Frontier Production Functions and Technical Efficiency: A Survey of Empirical Applications in Agricultural Economics. Agricultural Economics, 1992, 7 (92): 185 -208.

[6] Berry R A and W R Cline. Agrarian Structure and Productivity in Developing Countries, Baltimore: John Hopkins University Press, 1979.

[7] Bhalla S S, Roy P. Mis - Specification in Farm Productivity Analysis: The Role of Land Quality, Oxford Economic Papers 40. General Information, 1988, 40

(1): 55 –73.

[8] Bharadwaj Krishna. Production Conditions in Indian Agriculture: A Study Based on Farm Management Surveys, Cambridge University Press, 1974.

[9] Binswanger H P, Elgin M. What Are the Prospects for Land Reform? In: Mazumder A, Valdes A. (Eds.) Agriculture and Government in an Interdependent World, Dartmouth Publishing, 1988.

[10] Binswanger H P, Rosenzweig M R. Behavioral and Material Determinants of Production Relations in Agriculture. Journal of Development Studies, 1986, 22 (3): 503 –539.

[11] Bliss C J, Stern N H, Palanpur. The Economy of an Indian Village. New York, NY: Clarendon Press, 1982.

[12] Blundell R, Bond S. Gmm Estimation with Persistent Panel Data: An Applications to Production Functions. Econometric Review, 2000, 19 (3): 321 –340.

[13] Blundell R, Bond S. Initial Conditions and Moment Restrictions in Dynamic Panel Data Models. Economics Papers, 1998, 87 (1): 115 –143.

[14] Boundeth S, Takeuchi N S. Analysis on Technical Efficiency of Maize Farmers in the Northern Province of Laos. African Journal of Agricultural Research, 2012 (49): 6579 –6587.

[15] Boundeth S, Nanseki T, Takeuchi S, Satho T. Land Use Change and Its Determinant Factors in Northern Laos: Spatial and Socio – Economic Analysis. Journal of Agricultural Science, 2012, 4 (12): 190 –219.

[16] Britton D. Are Holdings Becoming Larger or Smaller? Farm Economist, 1950 (6): 188 –198.

[17] Brockwell P J, Davis R A. Introduction to Time Series and Forecasting. 2nd edition. Comparative Political Economy of the Welfare State, 2002 (4): 110.

[18] Burki Abid A, Mushtaq A Khan. Agglomeration Economies and Their Effects on Technical Inefficiency of Manufacturing Firms: Evidence from Pakistan. Pa-

per Presented in the 41st Australian Conference of Economists, Victoria University, Melbourne: July 8 – July 12, 2012.

[19] Ch R, Prasanna P A L, Singh A. Farm Size and Productivity: Understanding the Strengths of Smallholders and Improving Their Livelihoods. Economic & Political Weekly, 2011.

[20] Chaddha A N. Farm Size and Productivity Revisited: Some Notes From Recent Experience of Punjab. Economic and Political Weekly, 1978 (13): A82 – A96.

[21] Chomitz K M, Gray D A. Roads, Lands, Markets, and Deforestation: A Spatial Model of Land Use in Belize. Social Science Electronic Publishing, 1995.

[22] Coelli T J. A Guide to Frontier Version 4.1: A Computer Program for Stochastic Frontier Production and Cost Function Estimation. Australia: CEPA Working Paper 96/7, Department of Econometrics, University of New England, Armidale NSW Australia, 1996.

[23] Cornia G A. Farm Size, Land Yields and the Agricultural Production Function: An Analysis for Fifteen Developing Countries. World Development, 1985, 13 (85): 513 – 534.

[24] David C C, Otsuka K. Modern Rice Technology and Income Distribution in Asia. Boulder, Col: Lynne Rienner, 1994.

[25] Deininger K, Byerlee D. The Rise if Large Farms in Land Abundant Countries: Do They Have a Future? World Development, 2012, 40 (4): 701 – 714.

[26] Deininger K, S Jin, Y Liu, S Singh. Labor Market Efficiency and Inverse Productivity – Farm Size in India, Unpublished Manuscript. Washington, DC: International Food Policy Research Institute, 2014.

[27] Deolalikar A B. The Inverse Relationship between Productivity and Farm Size: A Test Using Regional Data from India. American Journal of Agricultural Economics, 1981, 63 (2): 275 – 279.

[28] Department of Economics and Management Publications No. 38. Agricultur-

al Policy. Helsinki: University of Helsinki. http: //honeybee. helsinki. fi/mmtal/abs/Pub38. pdf Accessed June 2005.

[29] DFID/ODI/NMFA (Department for International Development, Overseas Development Institute, and Netherlands Ministry of Foreign Affairs). Key Sheets for Sustainable Livelihoods: Non – Farm Income in Rural Areas. http: //www. keysheets. org/red_ 14_ non_ farm_ income. html. Accessed June 2005.

[30] Dillon J L, Hardaker J B. Farm Management Research for Small Farmer Development. Fao Agricultural Services Bulletin Fao, 1980.

[31] Dixon J, K Taniguchi, H Wattenbach, Eds. Approaches to Assessing the Impact of Globalization on African Smallholders: Household and Village Economy Modeling. Proceedings of a Working Session on Globalization and the African Smallholder Study. FAO (Agricultural Support Systems Division and Agricultural and Development Economics Division) and the World Bank. Rome: Food and Agriculture Organization of the United Nations, 2003.

[32] Dolisca F, Niel J M, Teeter L D, et al. Land Tenure, Population Pressure, and Deforestation in Haiti: The Case of Forêt des Pins Reserve. Journal of Forest Economics, 2007, 13 (4): 277 –289.

[33] Douglass C. North. Institutions and Productivity in History. Economic History, 1994.

[34] Dumitrshko M. the Impact of Structural Adjustment Programmes on Family Farms in Moldova. In the Impact of Structural Adjustment Programmes on Family Farms in Central and Eastern Europe, S. Tanic, ed. Proceedings of FAO Expert Consultation, January 20 –23, 2001.

[35] Dyer Graham. Class, State and Agricultural Productivity in Egypt: A Study of the Inverse Relationship between Farm Size and Land Productivity, 1997, London: Frank Cass Publishers.

[36] Eastwood R, Lipton M, Newell A. Farm Size. In: Pingli P, Evenson R E.

(Eds.), Handbook of Agricultural Economics, 2009 (4): 3323 - 3397.

[37] Eastwood R, M Lipton, A Newell. Farm Size. Paper Prepared for Volume Ⅲ of the Handbook of Agricultural Economics. http: //www. ids. ac. uk/ids/aboutids/ Seminars eries2005/Eastwoo d. pdf. Accessed June 2005.

[38] Eg Peter Hazell. Is There a Future for Small Farms? Agricultural Economics, 2005 (32): 93 - 101.

[39] ERS (Economic Research Service, U. S. Department of Agriculture). Farm Structure: Glossary. http: //www. ers. usda. gov /Brie fing/FarmStructure/glossary. htm# smlfarm. Accessed June, 2005.

[40] Esmaeili A, Shokoohi Z. Assessing the Effect of Oil Price on World Food Prices: Application of Principal Component Analysis. Energy Policy, 2011, 39 (2): 1022 - 1025.

[41] Estudillo J, Mano Y, Hue L T, Gam N T, Otsuka K. Farmland, Schooling, and Job Choices: Does Gender Matter in Rural Vietnam? Manuscript, National Graduate Institute for Policy Studies, Tokyo. 2014.

[42] Eswaran M, Kotwal A. Access to Capital and Agrarian Production Organization. Economic Journal, 1986, 96 (382): 482 - 498.

[43] Fan S, Chan - Kang C. Is Small Beautiful? Farm Size, Productivity, and Poverty in Asian Agriculture. Agricultural Economics, 2005 (32): 135 - 146.

[44] FAO (Food and Agriculture Organization of the United Nations). Supplement to the Report on the 1990 World Census of Agriculture. Rome, Italy: Food and Agriculture Organization of the United Nations, 2001.

[45] Feder G. The Relation between Farm Size and Farm Productivity: The Role of Family Labor, Supervision and Credit Constraints. Journal of Development Economics. 1985, 18 (85): 297 - 313.

[46] Foster A D, Rosenzweig M R. Barriers to Farm Profitability in India: Mechanization, Scale and Credit Markets. Mimeo. 2010.

[47] Ganesh Thapa and Raghav Gaiha. Smallholder Farming in Asia and the Pacific: Challenges and Opportunities. Paper Presented at the IFAD Conference on New Directions for Smallholder Agriculture 24 –25 January, 2011.

[48] Ghose A K. Farm Size and Land Productivity in Indian Agriculture: A Reappraisal. Journal of Development Studies, 1979, 16 (1): 27 –49.

[49] Gorton M, Davidova S. Farm Productivity and Efficiency in the CEE Applicant Countries: A Synthesis of Results. Agricultural Economics, 2004, 30 (1): 1 –16.

[50] Halving Hunger by 2015: It Can be Done. United Nations Millennium Project Report. London and Sterling, Va. , U. S. A. : Earthscan, 2005.

[51] Havenevik J and Rune Skarstein. Land Tenure, State – Peasant Relations and Productivity in Tanzanian Agriculture. Economic Development and Agricultural Productivity, 1997 (32): 183 –212.

[52] Hayami Y. Ecology, History, and Development: A Perspective from Rural Southeast Asia. World Bank Research Observer, 2001, 16 (2): 169 –198.

[53] Hayami Y. Japanese Agriculture under Siege: The Political Economy of Agricultural Policies. New York, NY: St. Martin' s Press, 1988.

[54] Hayami Y. Plantations Agriculture. In: Pingli P, Evenson R E. (Eds.) Handbook of Agricultural Economics, Volume 4. Amsterdam: Elsevier, 2009 (29): 3305 –3321.

[55] Hayami Y, Kawagoe T. Farm Mechanization, Scale Economies, and Polarization. Journal of Development Economics, 1989, 31 (2): 221 –239.

[56] Hayami Y, Otsuka K. The Economics of Contract Choice: An Agrarian Perspective, Clarendon Press, Oxford, UK, 1993.

[57] Hayamiy Ruttanvw. Agricultural Development: An International Perspective. Baltimore: Johns Hopkins University Press, 1985.

[58] Hazell Peter. Five Big Questions about Five Hundred Million Small Farms,

Keynote Paper Presented at the IFAD Conference on New Directions for Smallholder Agriculture, 24 –25 January 2011, International Fund for Agricultural Development, Via Paolo Di Dono, 44, Rome 00142, Italy.

[59] Helfand S M, Levine E S. Farm Size and the Determinants of Productive Efficiency in the Brazilian Center West. Agricultural Economics, 2004, 31 (2): 241 –249.

[60] Heltberg R. Rural Market Imperfections and the Farm Size – Productivity Relationships: Evidence from Pakistan. World Development, 1998, 26 (10): 1807 – 1826.

[61] Hicks J R. IS – LM′: An Explanation. Journal of Post Keynesian Economics, 1980, 3 (2): 139 –154.

[62] Holden S, Otsuka K, Deininger K. Land Tenure Reforms in Asia and Africa: Assessing Impacts on Poverty and Natural Resource Management, Hampshire. UK: Palgrave Macmillan, 2013.

[63] Holden S T, Otsuka K, Place F. The Emergence of Land Markets in Africa: Assessing the Impacts on Poverty, Equity, and Efficiency. Baltimore, MD: Resources for the Future, 2009.

[64] Huang J, Wang X, Qui H. Small – Scale Farmers in China in the Face of 30, Modernization and Globalization. London: International Institute for Environment and Development, 2012.

[65] Huvio T, J Kola, T Lundström, eds. Small – scale Farmers in Liberalised Trade Environment. Proceedings of the Seminar, October 18 – 19, 2004, Haikko, Finland, 2005.

[66] IFAD (International Fund for Agricultural Development) . Rural Poverty Report 2001: The Challenge of Ending Rural Poverty. Rome, 2001.

[67] Jayne T S, T Yamano, M Weber, D Tschirley, R Benfica, A Chapoto, B Zulu. Smallholders' Income and Land Distribution in Africa: Implications for Poverty

Reduction Strategies. Food Policy, 2003 (28): 253 -275.

[68] Jha R, Chitkara P, Gupta S. Productivity, Technical and Allocative Efficiency and Farm Size in Wheat Farming in India: A DEA Approach. Applied Economics Letters, 2000, 7 (1): 1 -5.

[69] Jha R, Rhodes M J. Some Imperatives of the Green Revolution: Technical Efficiency and Ownership of Inputs in Indian Agriculture. Agricultural and Resource Economics Review, 1999, 28 (1): 57 -64.

[70] Kevane M. Agrarian Structure and Agricultural Practice: Typology and Application to Western Sudan. American Journal of Agricultural Economics, 1996, 78 (1): 236 -245.

[71] Key N, Runsten D. Contract Farming, Smallholders, and Rural Development in Latin America: The Organization of Agroprocessing Firms and the Scale of Outgrower Production. World Development, 1999, 27 (2): 381 -401.

[72] Kimura S, Otsuka K, Sonobe T, Rozelle S. Efficiency of Land Allocation Through Tenancy Markets: Evidence from China. Economic Development and Cultural Change, 2011, 59 (3): 485 -510.

[73] Kumbhakar S, Lovell K. Stochastic Frontier Analysis. Cambridge University Press, Cambridge, 2000.

[74] Kuroda Y. The Production Structure and Demand for Labor in Postwar Japanese Agriculture, 1952 -1982. American Journal of Agricultural Economics, 1987, 69 (2): 328 -337.

[75] Larson D, Matsumoto T, Kilic T, Otsuka K. Should African Rural Development Strategies Depend on Smallholder Farms? An Exploration of the Inverse Productivity Hypothesis. Agricultural Economics, 2014, 45 (3): 355 -367.

[76] Leibenstein H. Allocative Efficiency vs. "X -Efficiency". American Economic Review, 1966, 56 (3): 392 -415.

[77] Lele U, M Agarwal. Smallholder and Large Scale Agriculture in Africa: Are

There Trade - offs between Growth and Equity? MADIA Project. Washington, D. C. : World Bank, 1989.

[78] Lipton M. Land Reform in Developing Countries: Property Rights and Property Wrongs. Oxford, UK: Routledge, 2009.

[79] Lipton M. The Family Farm in a Globalizing World: The Role of Crop Science in Alleviating Poverty. 2020 Vision for Food, Agriculture, and the Environment Initiative Discussion Paper No. 40. Washington, D. C. : International Food Policy Research Institute, 2005.

[80] Liu Y, Violette W, Barrett C. Real Wage, Machine Use, and Inverse Farm Size - Productivity Relationship in Vietnam. Unpublished Manuscript, Washington, DC: International Food Policy Research Institute, 2013.

[81] Machethe C L. Agriculture and Poverty in South Africa: Can Agriculture Reduce Poverty? Paper Presented at the Conference, Overcoming Underdevelopment, October 28 - 29, 2004, Pretoria, South Africa, 2004.

[82] Manabendu Chattopadhyay and Atanu Sengupta. Farm Size and Productivity: A New Look at the Old Debate Economic and Political Weekly, 1997, 32 (52): A172 - A175.

[83] Mazumdar D. Size of Farm and Productivity: A Problem of Indian Peasant Agriculture. Economica, 1965, 32 (126): 161 - 173.

[84] Meeusen W, Broeck J. van den. Efficiency Estimation from Cobb - Douglas Production Functions with Composed Error. International Economic Review, 1977 (18): 435 - 444.

[85] Millennium Project Task Force on Hunger. Halving Hunger by 2015: A Framework for Action. United Nations Millennium Project Interim Report. New York, 2004.

[86] Narayanan S, A Gulati. Globalization and the Smallholders: A Review of Issues, Approaches, and Implications. Markets and Structural Studies Division Discussion

Paper No. 50. Washington, D. C.: International Food Policy Research Institute, 2002.

[87] Ogura T. Agricultural Development of Modern Japan. Tokyo: Fuji Publishing, 1963.

[88] Otsuka K. Efficiency and Equity Effects of Land Markets. In: Evenson R E, Pingali P. (Eds.) Handbook of Agricultural Economics, Vol 3. Amsterdam: Elsevier, 2007.

[89] Otsuka K, Food Insecurity, Income Inequality, and the Changing Comparative Advantage in World Agriculture. Agricultural Economics, 2013, 44 (S1): 7-18.

[90] Otsuka K, Chuma H, Hayami Y. Land and Labor Contracts in Agrarian Economies: Theories and Facts. Journal of Economic Literature, 1992, 30 (4): 1965-2018.

[91] Otsuka K, Estudillo J P. Sawada Y. Rural Poverty and Income Dynamics in Asia and Africa. London, UK: Routledge, 2009.

[92] Otsuka K, Estudillo J P. Economic Development, Land Tenure, and the Changing Optimum Farm Size. In: Panddy S, Byerlee D, Dawe D, Dobermannn A, Mohanty S, Rozelle S, Hardy B. (Eds.) Rice in the Global Economy: Strategic Research and Policy Issues for Food Security. Manila, Philippines: International Rice Research Institute, 2010.

[93] Otsuka K, Liu Y, Yamauchi F, Factor Endowments, Wage Growth, and Changing Food Self-Sufficiency: Evidence from Country-level Panel Data. American Journal of Agricultural Economics, 2013, 95 (5): 1252-1258.

[94] Otsuka K. Viability of Small-Scale Farms in Asia. In: Jha R, Gaiha R, Deolalikar A B. (Eds.) Handbook on Food Demand, Supply, Sustainability and Security. Cheltenham, UK: Edward Elgar, 2014a.

[95] Petty W. Dictionary of National Biography. London: Smith, Elder & Co, 1885-1900.

[96] Philip Lund. The Measurement of Farm Size and the Meaning of Part-time

Farming: The AARES Countries, AARES 2007 Conference: Queenstown, New Zealand, 13 – 16 February, 2007.

[97] Philip Woodhouse Beyond Industrial Agriculture? Some Questions about Farm Size, Productivity and Sustainability. Journal of Agrarian Change, 2010, 10 (3): 437 – 453.

[98] Pingali P L, Hossain M, Gerpacio R V. Asian Rice Bowls: The Returning Crisis? Wallingford, UK: CAB International, 1997.

[99] Rahman K M M, Mia M I A, Bhuiyan M K J. A Stochastic Frontier Approach to Model Technical Efficiency of Rice Farmers in Bangladesh: An Empirical Analysis. Agriculturists, 2012 (10).

[100] Rahman S, Rahman M. Impact of Land Fragmentation and Resource Ownership on Productivity and Efficiency: The Case of Rice Producers in Bangladesh. Land Use Policy, 2009, 26 (1): 95 – 103.

[101] Rahman, Sanzidur & Barmon, Basanta K. Energy Productivity and Efficiency of the Gher (Prawn – Fish – Rice) Farming System in Bangladesh. Energy, 2012, 43 (1): 293 – 300.

[102] Ramesh Chand, P. A Lakshmi Prasanna, Aruna Singh Farm Size and Productivity: Understanding the Strengths of Smallholders and Improving Their Livelihoods Economic & Political Weekly Supplement, June 25, 2011 Vol xlvi Nos 26 & 27. Rome: Food and Agriculture Organization of the United Nations.

[103] Rosenzweig M R, Foster A D. Is There Surplus Labor in Rural India? Working Papers, 2010.

[104] Rozelle S, Swinnen J F M. Success and Failure of Reforms: Insights from Transition Agriculture. Journal of Economic Literature, 2004, 47 (2): 404 – 456.

[105] Sadoulet E, Murgai R, de Janvry A. Access to Land via Land Rental Markets. In: de Janvry A, Gordillo G, Platteau J – P, Sadoulet E. (Eds.) Access to Land, Rural Poverty, and Public Action. Oxford, UK: Oxford University Press, 2001.

[106] Sébastien Marchand. Technical Efficiency, Farm Size and Tropical Deforestation in the Brazilian Amazonian Forest. Working Papers, 2010 –2012, CERDI.

[107] Sen A K. An Aspect of Indian Agriculture. Economic Weekly, 1962 (32): 243 –246.

[108] Seperovich N. Wholesale Trade and the Formation of Wholesale Food Markets in Ukraine (in Ukrainian). In Aktyal' ni Pytannia Ahrarnoi Polityky, 2002 – 2003. Agricultural Policy for Human Development Project. Kiev. Singh, 2004. Agriculture Policy: Vision 2020. Background Paper No. 24 Prepared for Vision 2020 Planning Commission, Government of India. New Delhi: Indian Agricultural Research Council, 2002.

[109] Skoufias E. Household Resources, Transaction Costs, and Adjustment Through Land Tenancy. Land Economics, 1995, 71 (1): 42 –56.

[110] Smith George H, Senior Nassau William. The Encyclopedia of Libertarianism. In Hamowy, Ronald, 2008.

[111] Spencer D. The Future of Agriculture in Sub – Saharan Africa and South Asia: W (h) ither the Small Farm? In Sustainable Food Security for All by 2020. Proceedings of an International Conference, September 4 – 6, 2001, Bonn, Germany. Washington, D. C.: International Food Policy Research Institute, 2002.

[112] Suleimenov M. Trends in Feed and Livestock Production During the Transition Period in the Three Central Asian Countries. In Food Policy Reforms in Central Asia: Setting the Research Priorities, 2000.

[113] Tanic S, Ed. Proceedings of FAO Expert Consultation on the Impact of Structural Adjustment Programmes on Family Farms in Central and Eastern Europe. Budapest, Hungary, 20 –23 January. FAO, Rome, 2001.

[114] Thapa R, Banskota N, Pokharel J, Subedi B H. and Basnyat B. Another Typhoid Patient from Japan. Journal of Travel Medicine, 2010 (17): 199 –200.

[115] Uzun V. Large and Small Business in Russian Agriculture: A Daptation to

Market. Comparative Economic Studies, 2005 (47): 85 -100.

[116] Von Braun J. Small Scale Farmers in a Liberalized Trade Environment. In Small - Scale Farmers in Liberalised Trade Environment, T Huvio J Kola, T Lundström, eds. Proceedings of the seminar, October 18 - 19, 2004, Haikko, Finland. Department of Economics and Management Publications No. 38. Agricultural Policy. Helsinki: University of Helsinki. http: //honeybee. helsinki. fi/mmtal/abs/Pub38. pdf, Accessed June, 2005.

[117] Von Braun J, D Lohlein. Policy Options to Overcome Subsistence Agriculture in the CEECs. In S Abele and K Frohberg, Eds. Subsistence Agriculture in Central and Eastern Europe: How to Break a Vicious Cycle? Studies on the Agricultural and Food Sector in Central and Eastern Europe, Vol. 22. Institute of Agricultural Development in Central and Eastern Europe (IAMO), Halle, 2003.

[118] Wakili A M. Technical Efficiency of Maize Farmers in Gombi Local Government of Adamawa State, Nigeria. Agricultural Journal, 2012 (1).

[119] Wang X, Yamauchi F, Otsuka K, Huang J. Wage Growth, Landholding and Machine Services in China. Unpublished Manuscript, Center for Chinese Agricultural Policy and the World Bank, 2014.

[120] Wilson P, Hadley D, Asby C. The Influence of Management Characteristics on the Technical Efficiency of Wheat Farmers in Eastern England. Agricultural Economics, 2001, 24 (3): 329 -338.

[121] World Bank. Reaching the Rural Poor: A Renewed Strategy for Rural Development. Washington, D. C., 2003.

[122] World Bank, OECD (Environmentally and Socially Sustainable Development Unit, Europe and Central Asia Region, World Bank and Organization of Economic Co - operation and Development). Achieving Ukraine's Agricultural Potential: Stimulating Agricultural Growth and Improving Rural Life. Washington, D. C., 2004.

[123] Yamauchi F. Wage Growth, Landholding and Mechanization in Agriculture

Evidence from Indonesia. Policy Research Working Paper No. 6789, World Bank, 2014.

[124] Yang J, Huang Z, Zhang X, Reardon T. The Rapid Rise of Cross - Regional Agricultural Mechanization Services in China. American Journal of Agricultural Economics, 2013, 95 (5): 1245 - 1251.

[125] Zhang X, Yang J, Wang S. China Has Reached the Lewis Turning Point. China Economic Review, 2011, 22 (4): 542 - 554.

[126] 伯纳姆，斯夸尔．技术和相对经济效益．牛津经济论文集，1978.

[127] 陈春霞，冯巨章．土地规模经营问题探讨．农业与技术，2003，23 (2): 16 - 20.

[128] 陈浩．对农业规模经营内涵的探讨．乡镇经济，2001 (11): 7 - 8.

[129] 陈建宝，丁军军．分位数回归技术综述．统计与信息论坛，2008，23 (3): 89 - 96.

[130] 陈欣欣，史清华，蒋伟峰．不同经营规模农地效益的比较及其演变趋势分析．农业经济问题，2000，21 (12): 6 - 9.

[131] 程国强，朱满德．中国工业化中期阶段的农业补贴制度与政策选择．管理世界，2012 (1): 9 - 20.

[132] 崔彦生，孟建，王月芬等．河北省玉米生产现状及发展对策探讨．中国农学通报，2009，25 (20): 354 - 356.

[133] 丁春福．关于农村土地适度规模经营问题的思考．农业经济，2003 (3): 22 - 23.

[134] 丁疆辉，吴建民，白翠玲．社会经济发展中的河北水资源．河北师范大学学报（自然科学版），2001，25 (2): 267 - 270.

[135] 董秀茹，刘本轲，王大鹏．农户土地适度规模经营探讨——基于辽宁省昌图县的调研实证．江苏农业科学，2014 (12).

[136] 弗农·拉坦．农业研究政策．北京：北京科学出版社，1985.

[137] 干鸿龙．农业土地经营规模的变化趋势分析．长安大学学报（社会科

学版），2002（2）.

［138］干雷，王代敬. 扩大内需的关键是增加农民收入. 四川师范学院学报，2000（2）.

［139］干培先. 适度规模经营：我国农业现代化的微观基础——一个新的分析框架. 复旦大学博士学位论文，2003.

［140］顾莉丽，郭庆海. 中国粮食主产区的演变与发展研究. 农业经济问题，2011（8）：4－9.

［141］郭红东，蒋文华. 影响农户参与专业合作经济组织行为的因素分析——基于对浙江省农户的实证研究. 中国农村经济，2004（5）：10－16.

［142］韩俊. 土地政策：从小规模均田制走向适度规模经营. 调研世界，1998（5）：8－9.

［143］何元贵. 中国汽车企业规模经济实证研究. 暨南大学博士学位论文，2009.

［144］黄祖辉，陈欣欣. 农户粮田规模经营效率：实证分析与若干结论. 农业经济问题，1998（11）：2－7.

［145］季洪茂. 农业生产的规模经济与经营规模. 理论前沿，1999（15）.

［146］贾银锁，谢俊良. 河北玉米. 北京：中国农业科学技术出版社，2008.

［147］蒋和平，蒋辉. 粮食主产区规模化经营的有益探索——河南省鹤壁市“中鹤模式”的解读与启示. 农业经济问题，2013（5）：10－14.

［148］焦必方. 日本农地规模化经营的动向分析. 中国农村经济，2000（7）：69－76.

［149］金生霞. 农地经营规模与农业生产资料的匹配性研究. 甘肃农业大学博士学位论文，2012.

［150］李谷成. 技术效率、技术进步与中国农业生产率增长. 经济评论，2009（1）：60－68.

［151］李鹏. 规模经济的制度分析. 厦门大学博士学位论文，2003.

[152] 李卫静，李喜贵．我国东北和华北地区玉米价差波动趋势．农业展望，2009，5（2）：10－14.

[153] 李岳云，蓝海涛，方晓军．不同经营规模农户经营行为的研究．中国农村观察，1999（4）：41－47.

[154] 林善浪．家庭经营：实现我国农业现代化的基本模式．经济理论与经济管理，2000（5）：59－62.

[155] 刘凤芹．农业土地规模经营的条件与效果研究：以东北农村为例．农业经济导刊，2006，25（9）：71－79.

[156] 刘七军，李昭楠．不同规模农户生产技术效率及灌溉用水效率差异研究——基于内陆干旱区农户微观调查数据．中国生态农业学报，2012，20（10）.

[157] 刘树坤．中国玉米生产技术效率分析．中国农业大学博士学位论文，2004.

[158] 卢宪英，崔卫杰．影响农户玉米种植规模的因素分析．生产力研究，2009（6）：35－37.

[159] 罗必良．农地经营规模的效率决定．中国农村观察，2000（5）：18－24.

[160] 罗伊·普罗斯特曼等．中国农业的规模经营：政策适当吗？．中国农村观察，1996（6）：20－34.

[161] 骆友生，张红宇等．土地家庭承包制的现状判断与变革设想．经济研究，1988（11）：68－72.

[162] 麻吉亮，陈永福，钱小平．气候因素、中间投入与玉米单产增长——基于河北农户层面多水平模型的实证分析．中国农村经济，2012（11）：11－20.

[163] 马尔科姆·吉利斯等．发展经济学．北京：经济科学出版社，1989.

[164] 孟建，韩江伟，杨林风，谷志平．河北玉米生产省域尺度比较优势分析．中国农学通报，2010（15）：343－348.

[165] 孟霄，程伍群，吴现兵．河北省水安全现状分析及对策探讨．水利科

技与经济，2006，12（4）：232－234.

［166］孟霄，吴现兵，程伍群，绳莉丽，夏辉．河北平原区土壤水资源计算模型的探讨．节水灌溉，2008（3）：16－18，23.

［167］农业部农村合作经济研究课题组．中国农村土地承包经营制度及合作组织运行考察．农业经济问题，1996（2）：45－53.

［168］农业部农村研究中心．中国农村研究报告1990～1998．北京：中国财经经济出版社，1999.

［169］裴怀娟，裴怀犷．我国东、中、西部地区农民收入差距变化趋势及原因．经济纵横，2004（10）：11－13.

［170］彭群．国内外农业规模经济理论研究述评．中国农村观察，1999（1）：41－45.

［171］钱贵霞，李辉．粮食主产区农户最优生产经营规模分析．统计研究，2004（10）：40－43.

［172］钱贵霞．粮食生产经营规模与粮农收入的研究．中国农业科学院博士学位论文，2005.

［173］钱文荣．浙北传统粮区农户土地流转意愿与行为的实证研究．中国农村经济，2002（7）：64－68.

［174］钱忠好．我国农地规模的特殊性及其对策．经济纵横，1996（3）：33－35.

［175］秦楼月．增加农民收入问题研究．陕西师范学院硕士学位论文，2002.

［176］屈小博．不同经营规模农户市场行为研究．西北农林科技大学博士学位论文，2008.

［177］全国农村固定观察点办公室．当前农村土地承包经营管理的现状及问题．中国农村观察，1998（5）：56－57.

［178］任人廷．我国农民收入增长问题研究．四川农业大学硕士学位论文，2003.

[179] 任治君. 中国农业规模经营的制约. 经济研究，1995（6）：54 -58.

[180] 瑞定杰，康赛优. 对菲律宾土地改革的再思考. 见迟福林. 走入21世纪的中国农村土地制度改革. 北京：中国经济出版社，2001.

[181] 沈止熙. 发展土地适度规模经营的调查与思考. 中国农业资源与区划，1997（6）：43 -45.

[182] 盛来运，唐平，阎平. 粮食主产区农民增收问题的调查分析. 中国农村经济，2003（5）：4 -8.

[183] 盛来运. 对当前及今后一个时期农民收入增长问题的思考. 统计研究，2001（1）：11 -20.

[184] 石晓平，郎海如. 农地经营规模与农业生产率研究综述. 南京农业大学学报（社会科学版），2013（2）：76 -84.

[185] 史清华. 农户经济活动及行为研究. 北京：中国农业出版社，2001.

[186] 史清华等. 中国农户经济收入增长、结构变化及根源. 河北学刊，2001（5）：24 -29.

[187] 孙立刚. 资源、产权与农民收入问题. 农业经济问题，2001（12）：11 -14.

[188] 孙晓东，焦玥，胡劲松. 基于灰色关联度和理想解法的决策方法研究. 中国管理科学，2005，13（4）：63 -68.

[189] 孙鑫. 对当前我国农民概念内涵与农民群体划分的探讨. 农业经济问题，1995（5）：56 -60.

[190] 孙佑海. 土地流转制度研究. 南京农业大学博士学位论文，2000.

[191] 孙自铎. 农业必须走适度规模经营之路——兼与罗必良同志商榷. 农业经济问题，2001（2）：32 -35.

[192] 覃巍. 农民收入论. 西南财经大学博士学位论文，2002.

[193] 谭静. 农业产业化研究进展综述. 中国农村经济，1996（10）：33 -39.

[194] 田兴兰. 适应市场经济实行土地规模经营. 山西财经大学学报，1996

(2)：58－59.

［195］万宝瑞．增加农民收入和确保粮食安全的战略对策．农业经济问题，2004（4）．

［196］万广华，程恩江．规模经济、土地细碎化与我国的粮食生产．中国农村观察，1996（3）：31－36.

［197］王启善，王志刚．试论土地适度规模经营的前提及模式．沈阳农业大学学报，1998（1）：87－90.

［198］王群．农业规模经营初探．吉林大学硕士学位论文，2004.

［199］王天穷，于冷．玉米预期价格对农户种植玉米的影响——基于吉、黑两省玉米种植户的调查研究．吉林农业大学学报，2014，36（5）：615－622.

［200］王为农．努力实现九五农业增长目标．农业经济问题，1995（8）：13－17.

［201］王小广．中国的小农体制与规模经营．中国农村观察，1995（1）：41－47.

［202］王秀清，苏旭霞．农用地细碎化对农业生产的影响——以山东省莱西市为例．农业技术经济，2002（2）：2－7.

［203］王学，李秀彬，辛良杰．河北平原冬小麦播种面积收缩及由此节省的水资源量估算．地理学报，2013，68（5）：694－707.

［204］王忠良．论我国农村土地使用权流转的市场化．湖南大学硕士学位论文，2003.

［205］卫新，毛小报，王美清．浙江省农户土地规模经营实证分析．中国农村经济，2003（10）：31－37.

［206］魏俊超．要公平还是要效率——中国农业规模经营问题探讨．江苏商论，2003（7）：101.

［207］文贯中．发展经济学的新动向——农业租约与农户行为的研究，当代经济学前沿专题．北京：商务印书馆，1989.

［208］文志强，刘居东，韩晓增．我国农业资源环境评价与粮食主产区的研

究．农业技术经济，2003（1）：19－23.

［209］翁贞林．粮食主产区农户稻作经营行为与政策扶持机制研究——基于江西省农户调研．华中农业大学硕士学位论文，2009.

［210］吴桂英．农村土地使用权流转的经济解释与分析．复旦大学学士学位论文，2002.

［211］吴绍洪，戴尔阜，黄玫等．21 世纪未来气候变化情景（B2）下我国生态系统的脆弱性研究．科学通报，2007，52（7）：811－817.

［212］吴文杰．论农村土地金融制度的建立和发展．农业经济问题，1997（3）：34－39.

［213］吴晓华．改革农地制度增加农民收入．改革，2002（2）：119－125.

［214］武拉平．国内外粮食市场关系研究．中国农村观察，2001（1）：24－32.

［215］武力．我国农业经营规模的转变历程及其发展趋势．教学与研究，1997（2）：31－37.

［216］西奥多·舒尔茨．改造传统农业．北京：商务印书馆，1999.

［217］西奥多·舒尔茨．经济增长与农业．北京：经济学院出版社，1991.

［218］夏永祥．农业效率与土地规模经营．农业经济问题，2002（7）：41－47.

［219］向荣，贾生华．浙江省农村土地流转的实证分析．农村经济，2002（7）：28－32.

［220］项朝阳．湖北省农民收入增长的实证研究．华中农业大学硕士学位论文，2003.

［221］宿桂红，傅新红．中国粮食主产区水稻生产技术效率分析．中国农学通报，2011，27（2）：439－445.

［222］徐明华．粮田规模经营：利弊尚待权衡．中国农村经济，1998（3）．

［223］许庆，尹荣梁，章辉．规模经济、规模报酬与农业适度规模经营——基于我国粮食生产的实证研究．经济研究，2011（3）：59－71.

［224］许治民．种植专业户经营规模适度分析．安徽农业科学，1994（1）：85－88.

［225］严金泉．土地承包制与耕地持续利用问题的实证研究．中国农村观察，1998（6）：37－41.

［226］杨素群．农业经营适度规模解析．唯实，1998（3）：25－28.

［227］杨万江．论农民增收——兼析浙江农民收入变化．北京：中国农业出版社，2003.

［228］杨学成等．关于农村土地承包30年不变政策实施过程的评估．中国农村经济，2001（1）：55－66.

［229］杨雍哲．规模经营的关键在于把握条件和提高经营效益．农业经济问题，1995（5）.

［230］姚监复．中国农业的规模经营与农业综合生产率——访华盛顿大学农村发展所徐孝白先生．中国农业资源与区划，2000，21（5）：19.

［231］姚增福，刘欣．种粮大户粮食生产技术效率及影响因素实证分析——基于随机前沿生产函数与黑龙江省460户微观调查数据．科技与经济，2012，25（2）：60－64.

［232］姚增福，郑少锋．种植大户生产行为意愿影响因素分析——基于TPB理论和黑龙江省378户微观调查数据．农业技术经济，2010（8）：27－33.

［233］俞敬忠．加快土地规模经营的步伐：经济发达地区振兴农业的必由之路．管理世界，1994（6）：198－200.

［234］袁界平．试论土地规模经营评价指标体系．农业现代化研究，1989（10）：17－19.

［235］张光辉．农业规模经营与提高单产并行不悖：与任治君同志商榷．经济研究，1996（1）：55－58.

［236］张继功．农业规模经营探讨．河南科技大学学报（农学版），2003，23（4）：66－69.

［237］张明杨，陈超，谭涛等．中国农户玉米播种面积决策的影响因素分

析.南京农业大学学报（社会科学版），2014（3）：37－43.

［238］张瑞芝，钱忠好.农业适度经营规模初探.扬州大学学报（人文社会科学版），1999（1）：76－80

［239］张文渊.当前农村土地适度规模经营探析.农业经济，1999（4）：24－25.

［240］张尹君杰，卓建伟.土地细碎化的正面与负面效应的双重论证——基于河北省农户固定观察点资料的实证研究.农林经济管理学报，2008，7（4）：25－29.

［241］张忠明，钱文荣.不同土地规模下的农户生产行为分析——基于长江中下游区域的实地调查.四川大学学报（哲学社会科学版），2008（1）：87－93.

［242］张忠明，钱文荣.农民土地意愿经营规模影响因素实证研究——基于长江中下游区域的调查分析.农业经济问题，2007（5）：28－34.

［243］赵红雷，贾金荣.中国玉米生产技术效率分析：2001～2008——基于随机前沿生产函数.西北农林科技大学学报（社会科学版），2011，11（5）：56－61.

［244］周诚.对我国农业实行土地规模经营的几点看法.中国农村观察，1995（1）：41－43.

［245］周厚智.杨钢桥.基于农户调查的农地适度经营规模研究——以长沙市两个郊区县为例.湖北农业科学，2012（6）：1274－1277.